ein Ullstein Buch

ein Ullstein Buch
Nr. 20433
im Verlag Ullstein GmbH,
Frankfurt/M – Berlin – Wien

Ungekürzte Ausgabe

Umschlagentwurf: Beate Rebhuhn

Zeichnungen von Helen Brun
Taschenbuchausgabe mit Genehmigung
der Universitas Verlag GmbH, München

Printed in Germany 1984
Druck und Verarbeitung: Mohndruck
Graphische Betriebe GmbH, Gütersloh
ISBN 3 548 20433 3

August 1984

Vom selben Autor
in der Reihe der
Ullstein Bücher

Opas Zeiten (20319)
Duett zu dritt (20373)
Einesteils der Liebe wegen (20391)
Meine Frau ist ein Engel (20419)

CIP-Kurztitelaufnahme der
Deutschen Bibliothek

Nicklisch, Hans:
Ein Haus in Italien müsste man haben:
Roman / Hans Nicklisch. – Ungekürzte
Ausg. – Frankfurt/M; Berlin; Wien:
Ullstein, 1984.
(Ullstein-Buch; Nr. 20433)
ISBN 3-548-20433-3

NE: GT

Hans
Nicklisch

Ein Haus in Italien müßte man haben

Roman

ein Ullstein Buch

Für die lieben Menschen, die mit Recht behaupten, man käme zur Not auch ohne Haus in Italien aus. Man kommt, aber mit *hat man eine aufregende Kleinigkeit mehr vom Leben.*

1. Kapitel *Doppelzimmer mit Frühstück*

Auf halber Höhe des Berghangs steht unser Haus. Ein Stück über ihm thront das alte Kloster, ein Stück unter ihm, noch auf unserm Grundstück, rieselt ein Quellchen, aus dem wir mit Hilfe eines Motors unser Wasser heraufpumpen. So ist für den Durst der Seele und, falls der Motor funktioniert und das Quellchen rieselt, auch für den des Leibes gesorgt.

Meine Freunde nennen das Haus völlig unverdientermaßen eine Bruchbude, Cesare, der Kolonialwarenhändler unten im Dorf, spricht vornehmer von einer Casetta, weil wir den Umsatz seines Lädchens heben, der Postbote, der jedes Briefs wegen den steinigen, das mathematische Dogma von der geraden Linie als kürzester Verbindung zwischen zwei Punkten gröblich mißachtenden Weg zu mir heraufklettern muß, sagt überhaupt nichts und sieht mich nur mit todwunden, trinkgeldhungrigen Augen an, und Serafino, der die Telegramme austrägt, wenn ihm nicht gerade einfällt, irgendwo einen Schluck oder auch mehrere zu trinken und sich über Politik zu verbreiten, was Stunden dauern kann, berechnet uns für den Weg kurzerhand zweihundertsechzig Lire Extragebühr. „Für die Entfernung", sagt er mit einem breiten Lächeln, das seine Bereitwilligkeit kundtut, jedermann Gutes zu erweisen. „Die Steigung ist gratis."

Natürlich haben beide recht. Das Haus ist wirklich ein bißchen abgelegen, aber gerade deshalb haben Julia und ich es gekauft, sozusagen als privaten Protest gegen eine

Welt, die von Jahr zu Jahr aufdringlicher und lärmiger wird, obwohl ihr Zustand ihr allen Grund gäbe, sich recht still und bescheiden zu verhalten.

Daß es überhaupt dazu kam und dann gerade zu diesem Haus, ist das Ergebnis einer Entwicklung, die wieder einmal die Hinfälligkeit menschlichen Strebens und Planens beweist.

Ursprünglich waren wir nämlich nur auf ein Hotelzimmer ausgewesen, ein Doppelzimmer mit Frühstück für vierzehn Tage. Unser Freund Jakob hatte sich seit einiger Zeit in einem Ort namens Agliano ansässig gemacht und uns mitgeteilt, daß es sich dort aufs angenehmste lebe. Keine Fremden, die Natur noch unverschandelt durch Begleiterscheinungen des industrialisierten Touristenverkehrs, die Preise desgleichen, der Wein nicht wäßrig, die Spaghetti reichlich, alles in allem ein Paradies. Dort also gedachten wir uns in einem Doppelzimmer zu etablieren.

Wir schrieben Jakob und baten ihn, uns ein solches in einem ihm günstig scheinenden Albergo zu besorgen. Er schrieb zurück, dem stehe nicht das geringste im Wege, aber im Albergo sei den ganzen Tag das Radio tätig und die Wirtin zudem schwerhörig, was nicht ohne Einfluß auf die Lautstärke sei, ihre sowie die des Radios – ob wir nicht lieber ein Haus mieten wollten. Er wisse eins ganz in seiner Nähe. Es koste auch nicht viel mehr, wenn überhaupt. Nur müßten wir uns Frühstück und Abendbrot selber besorgen.

Mit „selber besorgen“ war Julia nicht einverstanden. Sie meinte, sie besorge das ganze Jahr hindurch alles selber, Frühstück, Mittagessen und Abendbrot, von Einkaufen, Staubsaugen, Wäsche und allem übrigen, was dazu gehöre und wovon sich kein Mann eine Vorstellung mache, ganz abgesehen, und deshalb wünsche sie

in ihren Ferien bedient zu werden. Ferien, in denen sie alles selber mache, seien eine Fortsetzung des Alltags in anderen Tapeten.

Andererseits ist Julia höchst geräuschempfindlich und betreibt seit zwei Jahren eine kühl-höfliche, aber darum nicht weniger erbitterte, wenn auch bisher ziemlich erfolglose Auseinandersetzung mit der Mieterin über uns, die ihrer Meinung nach ihre Fernseh-Mattscheibe unziemlich laut und gewöhnlich gerade dann zum Leben erweckt, wenn sie, Julia, ein Schläfchen halten will oder zur geistigen Sammlung beim Briefeschreiben oder bei der Dichtung und Wahrheit verbindenden Haushaltsbuchführung besonderer Ruhe bedarf.

Wir fragten also brieflich bei Jakob an, ob es kein anderes Albergo am Orte gebe. Er teilte postwendend mit, es gebe noch eins, sogar eins ohne Radio und schwerhörige Wirtin, dafür mit Fernsehapparat, mäßiger Küche, schlechten Betten und einem Anbau, in dem samstags und sonntags die Dorfkapelle übe. Ob wir nicht lieber doch das Haus mieten wollten? Er habe festgestellt, daß es für die fragliche Zeit noch frei sei.

Julia beschloß darauf, unser Feriendomizil in den Bayrischen Wald zu verlegen. Es sei heutzutage überhaupt unfein, wie Krethi und Plethi ins Ausland zu reisen. Im Bayrischen Wald sei es auch ganz schön und die Gegend allem Vernehmen nach noch nicht so üppig mit den Erzeugnissen zivilisatorischen Fortschritts gesegnet.

Wir saßen gerade beim Sonntagsfrühstück, und ich hatte die Reisebeilage der Sonntagszeitung vor der Nase. Ich hielt sie ihr hin und wies stumm mit dem Finger auf die obere Hälfte.

„Was soll ich damit?“ fragte sie ungehalten. Sie wandelte im Geiste bereits unter friedlich rauschenden niederbayrischen Tannen.

„Lesen", sagte ich.

Sie las widerwillig. Je länger sie las, desto höher rundeten sich ihre hübsch gezeichneten Augenbrauen. Kein Wunder: die halbe Seite war mit stattlichen Anzeigen von Reisebüros bepflastert, die Gesellschaftsreisen mit Privatwagen, Luxus-Bus oder Bahnliegewagen in jeder gewünschten Dauer und Preislage nach allen nur erdenklichen Örtlichkeiten des Bayrischen Waldes offerierten.

„Wer Ruhe sucht", verkündete die Schlagzeile darüber, „findet sie in der idyllischen Landschaft seiner stillen Täler und ragenden Gipfel."

„Vermutlich wird man sie in Dreierreihen suchen müssen", murmelte ich.

Der Bayrische Wald war somit abserviert, und Julia begann sich wieder Agliano zu nähern. Nicht sofort und nicht auf den von der Geographie dafür vorgeschriebenen Wegen. Zunächst kramte sie einen alten Schulatlas vor und durchforschte die Deutschlandkarte nach entlegeneren Urlaubsgefilden. Sie fand nichts Rechtes. Der Teutoburger Wald klang ihr zu germanisch, das Rothaargebirge stand nicht zu ihrem honigfarbenen Blond, Sauerland und Rauhe Alb ließen sie Unerfreuliches vermuten, die Fränkische Schweiz scheiterte an ihrem Mißtrauen gegen jegliche Art von Ersatz. Wenn schon Schweiz, dann gleich die richtige, die mit den Löchern im Käse. Und zwischendurch betrachtete sie die Ansichtskarten, die uns Jakob schon früher aus Agliano geschickt hatte. Ein knallblauer Himmel war auf ihnen zu sehen, ein noch knallblauerer See, darüber giftgrüne Hänge, gespickt mit alten Kirchen, grauen Palazzi und weißen Villen, weit im Hintergrund ein majestätischer Schneegipfel wie aus dem Bilderbuch.

„Schön", sagte Julia versonnen. Und dann entschieden: „Aber nicht, wenn ich Frühstück und Abendbrot selbst machen muß."

Immerhin – sie war auf dem Weg.

Schließlich lud ich Feldkötters ein, Ernst Feldkötter und Frau Carmela, eine zu jäher Duzbrüderschaft ausgebrochene Bekanntschaft vom Fasching, die im ernsteren Alltag ein wenig ins Weitläufige abgerutscht war. Ich wußte, warum ich sie einlud. Feldkötters hatten den vorigen Sommer in einem gemieteten Haus im Tessin verbracht und sollten Julia die Freuden des eigenen Herdes und Daches im Urlaub preisen. Sie priesen auch. Sie hätten himmlische Ruhe gehabt und sich prächtig erholt, während ihre auf Hotels angewiesenen Freunde als nervöse Wracks aus den Ferien zurückgekehrt seien.

„Und das Frühstück?" fragte Julia. „Hast du das selber besorgt?"

„Wieso ich?" verwunderte sich Carmela. „Das mach' ich doch das ganze Jahr. Küchenchef war natürlich Ernemännchen. Er hat das Frühstück und meistens auch Mittag- und Abendessen gemacht. Was glaubst du, was ihr dabei spart!"

Ich warf Ernemännchen einen vorwurfsvollen Blick zu. Er senkte die Augen.

„Wir mieten das Haus", sagte Julia heiter, nachdem Feldkötters gegangen waren. „Daß du's machen könntest, daran hab' ich gar nicht gedacht. Aber schließlich bist du ja gleich dafür gewesen. Und denk nur, was wir sparen können. Ich brauche sowieso ein neues Kostüm."

Wir schrieben Jakob, daß wir das Haus zu mieten gedächten. Er möge die erforderlichen Schritte für uns tun.

Seine Antwort war von lebhaftem Enthusiasmus getönt. Er galt allerdings mehr einer neuen Kaktusart mit einem langwierigen lateinischen Namen, die zur Blüte zu bringen ihm nach vielerlei langwierigen Bemühungen endlich gelungen war. Im Postskriptum fügte er beiläufig hinzu, zum Mieten des in Frage stehenden Hauses könne er nicht mehr raten. Gleich neben dem Hause gackerten die Hühner einer Hühnerfarm und ließen sich nicht abhalten, durch Löcher im Zaun in die Nachbargrundstücke einzudringen und sogar in den Häusern ihre Spuren zu hinterlassen. Es dufte infolgedessen auch nicht zum besten, und man käme zudem bei dem Hühnerfarmer in Verdacht, Eier zu unterschlagen, die sie in Betten und sonstigen geeigneten Legeplätzchen hinterlassen haben könnten. Aber wenn wir uns schon zum Mieten entschlossen hätten, könnten wir auch gleich kaufen. Häuser seien billig zu haben, und einen alten Stall, wie er ihn bewohne, bekäme man schon für ein paar Pimperlinge. Wenn man noch ein paar weitere in den Umbau investiere, habe man ein lauschiges Ruheplätzchen nach Maß und zudem eine Vermögensanlage, die im Wert nur steigen könne. Ein nicht zu unterschätzender Vorteil in diesen Zeiten.

„Kommt gar nicht in Frage!" regte sich Julia auf. „Kaufen! Wofür hält er uns? Für Filmstars? Und warum sollten wir uns von ein paar lächerlichen Hühnern in die Flucht schlagen lassen? Landduft ist gesund, und frische Eier kriegen wir aus erster Hand."

„Wieso Hand?" fragte ich. Sie verzog keine Miene.

Jakob erhielt also den Auftrag, das Haus dennoch zu mieten. Er tat es und teilte uns mit, es stehe ab 10. Juli für uns bereit. Der Besitzer habe versprochen, inzwischen die Löcher im Zaun zu flicken und den Hühnern ins Gewissen zu reden. Im übrigen wasche er, Jakob, seine Hände in Unschuld. Er habe uns jedenfalls gewarnt.

Wir schlugen die Warnung in den Wind und fuhren in der Frühe des 10. mit unserer Motorkalesche los. Das heißt, Julia fuhr, ich studierte das Kochbuch, das sie mir am Abend zuvor holdselig lächelnd überreicht hatte. „Dem braven Küchenchef!" stand in ihrer krakeligen Handschrift lapidar auf der ersten Seite, über die zweite bis neunte verbreitete sich ein Inhaltsverzeichnis mit fünfhundertdreiundzwanzig alphabetisch aufgereihten Rezepten, auf der zehnten hieß es im Vorspruch, mit dieser Auswahl sei selbst dem anspruchsvollsten Feinschmecker ein erschöpfender Einblick in die reiche Fülle exquisiter italienischer Kochkunst geboten. Mit dem „Erschöpfenden" hatte es seine Richtigkeit, nur war mir nichts daran gelegen. Ich hatte für unsere Abendmenüs mehr an weniger erschöpfende, schlichtere Genüsse, wie Brot, Wein, Salami und Käse, gedacht.

Meine vorsichtig formulierten Zweifel an der Zweckmäßigkeit ihres Geschenks wehrte Julia mit der Bemerkung ab, sie habe auch gelegentliche häusliche Mittagsmahlzeiten ins Auge gefaßt, und abends müsse man nicht unbedingt wie Müllkutscher essen. Ein wenig Abwechslung sei der Erholung bekömmlich.

„Meiner nicht", sagte ich.

Sie überhörte es vornehm.

Nach der Mittagsrast – ich war bei „vermicelli alla calabrese" angelangt und hatte nur noch vier erfreulich unergiebige Buchstaben vor mir – löste ich sie am Steuer ab, und als wir gegen Abend unten am See an der Abzweigung der Straße nach Agliano hielten, um uns in der Bar durch einen Cappuccino zu stärken, stießen wir auf einen überaus höflichen Schweizer Herrn mit Frau und fünf Kindern, alles Jungs, der uns ortskundig Auskunft gab, da er dem gleichen Ziel zustrebte. Der Herr nahm es mit der Erklärung genau, und während der ganzen Zeit hüpften die munteren Knaben um unser Gefährt, kletterten kreischend auf die Sitze, drehten am

BAR

Rückspiegel, drehten am Steuer, prüften wißbegierig den Schalthebel auf seine Bruchfestigkeit.

„Bei uns dürfen sie das nämlich nicht", erklärte die Schweizer Dame mit gerührten Augen und schweizerischen Rachenlauten. „Da machen sich die kleinen Racker eben anderwärts Luft."

„Niedlich", murmelte Julia.

Während der Weiterfahrt meinte sie versonnen: „Am liebsten hätt' ich ihr unter die Nase gerieben, was ich von ihren verzogenen Gören halte."

„Und warum hast du's nicht?"

„Mach mal was gegen soviel wohlerzogene schweizerische Damenhaftigkeit! Man käme sich vor wie ein Banause." Und mit Besorgnis fuhr sie fort: „Hoffentlich wohnen sie nicht in unserer Nähe. Mit fünfhundert Hühnern nehm' ich's auf, aber diese fünf jugendlichen Eidgenossen ... und diese höflichen Eltern ..."

„I wo!" sagte ich. „Agliano liegt über die halbe Gegend verstreut. Solche Zufälle gibt es nicht."

Man sagt so etwas leichtfertig hin und staunt hinterher, was für heimtückische Fallstricke sich in der angeblichen Rationalität der realen Welt verbergen. Jedenfalls hielt fünf Minuten nach unserer Ankunft auch der Wagen mit der Solothurner Nummer vor unserer Tür. Die Schweizer waren nicht nur dem gleichen Ort zugestrebt, sie hatten auch dasselbe Haus für dieselbe Zeit gemietet ...

Die aufgeregte Konferenz mit dem Hausbesitzer verlief, wie alle Konferenzen verlaufen: mit einem rhetorischen Aufwand, zu dem das Ergebnis in keinem Verhältnis stand. Zuerst haperte es mit der Verständigung, da nur der Schweizer Herr flüssiges Italienisch sprach, aber offenbar handelte es sich um ein anderes Italienisch, ein gemesseneres, braveres, das dem ununterbrochen knatternden Feuerwerk des Hausherrn nicht gewachsen war. Und erst als Jakob als Dolmetsch erschien, lichtete sich die verworrene Lage zumindest insofern, als wir erfuhren, daß wir die Unschuldig-Schuldigen an dem Kuddelmuddel waren. Unsere Abneigung gegen Hühner, so der Vermieter, habe in ihm den Verdacht geweckt, daß wir uns möglicherweise doch noch woanders einquartieren würden, und da er auf die Mieteinkünfte angewiesen sei, habe er vorsichtshalber doppelt vermietet. Im übrigen sei das Haus für beide Parteien groß genug, wenn die Herrschaften ein wenig zusammenrückten. Und billiger komme es dann auch.

Wir schritten zur Besichtigung. Jakob und die Kinder blieben draußen, Jakob als Wache bei unserem Wagen. Es waren vier Zimmer, zwei oben, zwei unten, die dank einem architektonischen Geniestreich nur eins durchs andere zu betreten waren. Sogar der Aufstieg vom Parterre zum ersten Stock verlief über eine hölzerne Wendelstiege, die sich vom hinteren Parterreraum zum hinteren Etagenraum hinaufschraubte. Gedachten wir unter Berücksichtigung der vorgerückten Abendstunde und unserer Reisemüdigkeit wenigstens zeitweilig zu verbleiben, kam für Julia und mich nur das vordere Oberzimmer oder das darunterliegende im Parterre in Frage. Beide hatten ihre Vor- und Nachteile. Oben waren wir – am Ende der Zimmerkette – ungestört, mußten jedoch bei jedem Betreten und Verlassen das Familienleben der Schweizer in voller Ausdehnung durchqueren, eine Vorstellung, die mein Taktgefühl schon im voraus unerträglich beschwerte. Unten – am Anfang der Kette – hätte sich unsere Zweisamkeit in einer Form zu vollziehen, die jeden Augenblick überraschende Besichtigungen erlaubte. Als Ausgleich dafür konnten wir ohne Hemmungen kommen und gehen.

Julia entschied sich für das untere, nachdem sie das Für und Wider gründlich erwogen und einkalkuliert hatte, daß die Kinder vermutlich früh ins Bett gesteckt würden und die Schweizer, die Solothurner insbesondere, allgemeinem Vernehmen nach nichts von Nachtleben hielten. Tagsüber waren wir sowieso außer Haus.

In die in einem schuppenartigen Anbau gelegene Küche kamen Julia und der Herr erst gar nicht mehr mit. Sie fühlten sich nicht betroffen. Die Betroffenen waren die Dame und ich, und die Dame war besonders betroffen, weil ein Mann in der Küche, ein Ehemann zumal, nicht in ihr geordnetes Weltbild paßte. Es dauerte ein Weilchen, bevor sie sich an mich gewöhnte und nach einem bekümmerten Rundblick durch die verräucherte Kabuse bemerkte, daß Italien zwar ein reizendes Land, aber in puncto Kücheneinrichtungen mit der Schweiz nicht zu vergleichen sei, daß sie das Ausländische im Ausland nie so weit trieben, auch noch ausländisch zu essen, daß Besuche in Restaurants infolgedessen entfielen, daß sie jedoch nicht wisse, wie sie Mahlzeiten für sieben Personen auf einem Gasrechaud mit drei Flammen kochen solle.

Ich segnete Julias Abwesenheit, denn dieser schweizerisch temperierte Verzweiflungsschrei hätte sie womöglich doch noch dazu bewogen, auf der Stelle eine Bleibe mit mehr Flammen zu suchen. Der Fall lag ja klar: Wenn drei Flammen für sieben Personen nicht reichten, reichten sie für zwei weitere noch weniger, und Wein, Brot, Salami und Käse blieben als einziger Diätausweg übrig.

„Ihr hättet eben doch kaufen sollen", meinte Jakob, als wir uns später am Abend auf seiner Miniaturterrasse bei einem Willkommensschluck von der Überraschung erholten. Er hatte sie selbst aus Zement und Ziegelsteinen gebastelt, und sie war auch danach. An den Rändern bröckelte sie schon ab, und ihre Unebenheit erforderte sorgfältige Terrainerkundung, bevor man im richtigen Abstand vier einigermaßen gleich hohe Punkte fand, auf die man gefahrlos die Beine seines Stuhls plazieren konnte.

„Der Zement war vermutlich schon abgebunden", erläuterte Jakob, „und eine Wasserwaage hatte ich auch nicht zur Hand, aber was sagt ihr zu der Aussicht?" Die Äuglein in dem dicken, derben Gesicht strahlten Begeisterung aus.

So war er eben, unser Jakob. Pingelige Details pflegte er großzügig zu übersehen, sein Blick galt dem Ganzen. Man hatte ihn schon mit zwei verschiedenen Socken – lebhaft gefärbten sogar – im Smoking bei Theaterpremieren bemerkt, fehlende Knöpfe störten ihn nicht, sofern die verbliebenen für das notwendige Maß an Anstand bürgten, und zu einer geschäftlichen Besprechung war er gleich mit zwei um den Hals gewürgten Schlipsen erschienen, weil er gewöhnlich überhaupt keinen trug, für die Gelegenheit jedoch einen umgebunden, wieder vergessen und beim Aufbruch in der Annahme, er sei unbeschlipst, seufzend zu einem zweiten gegriffen hatte.

„Kaufen!" wiederholte er, um durch unsere friedsame Schläfrigkeit zu unserm Bewußtsein vorzudringen. „Da drüben –", er wies ins ungewisse, sternenflimmernde Dunkel den Hang hinauf, „– wäre zum Beispiel noch ein Stall, den ich euch empfehlen könnte."

Wir rappelten uns mühsam auf.

„Wollt ihr ihn euch gleich mal ansehen?" erkundigte er sich, erfreut über unsere Bereitwilligkeit.

„Nicht in die Tüte", sagte Julia gähnend. „Ich will ins

Bett. Morgen müssen wir früh raus. Fünf frisch ausgeschlafene Schweizer Jünglinge als Zuschauer beim Waschen und dann noch höflich sein – das wär' mir zuviel!"

Rechtschaffen müde sanken wir in die Federn. Das Haus war dunkel, nichts rührte sich. Solothurn schien schlafen gegangen zu sein.

„Wenn man's recht bedenkt", murmelte Julia vom Kopfkissen nebenan, „ist es gar nicht so übel. Wozu hätten wir schon vier Zimmer gebraucht?"

Ich dachte an den überbelegten Rechaud und stimmte ihr zu; wir waren wieder mal eines Sinnes. Gleich darauf hörte ich sie friedlich schnurcheln. Ich rollte mich ebenfalls in Schlafposition, schloß die Augen und riß sie erschrocken wieder auf. In der Tür zum Nebenzimmer hob sich die Schweizer Dame in dezentem Nachtgewand gegen das Licht dahinter ab. An der Hand hielt sie eins der munteren Knäblein, das sich offenbar in gar nicht sehr munterem Zustand befand.

„Entschuldigen Sie", wisperte sie ins Dunkel. „Lassen Sie sich bitte nicht stören. Der Kleine muß etwas gegessen haben, was ihm nicht bekommen ist."

„Bitte", murmelte ich. „Sie stören gar nicht."

Sie raschelte vorbei, verschwand im Hausgang und kehrte nach zwei Minuten zurück.

„Was woll'n die'n hier?" flüsterte das aufgelebte Knäblein vernehmlich. „Die stören doch bloß."

„Pst!" zischte die Dame. Die Tür fiel ins Schloß.

„Was war denn?" murrte Julia von nebenan verschlafen. Und als ich's ihr erklärte: „Hoffentlich bleibt's nur bei dem einen."

Es blieb nicht dabei. Die ganze Familie schien etwas Unbekömmliches verspeist zu haben. Das nächstemal war es der Schweizer Herr mit einem andern Sprößling, soweit ich im Dämmerlicht zu unterscheiden vermochte. Zuerst probierte er, heimlich an unserm Doppelbett vorbeizuschleichen, dann stolperte er über irgend etwas, warf beim Rudern mit den Armen polternd unsere Thermosflasche vom Ofen und begann, auf dem Boden nach ihr zu fahnden. Der Sprößling jammerte gedämpft.

„Lassen Sie nur", flüsterte ich. „Ich heb' sie bei Gelegenheit auf. Sie haben sicher Dringenderes zu tun."

„Ich hab' Sie doch nicht etwa gestört?" erkundigte er sich besorgt.

„I wo!" sagte ich.

Die Rückkehr ließ diesmal länger auf sich warten. Ich war schon wieder eingedruselt, als seine Stimme mich aufschreckte.

„Nichts für ungut", raunte er, über mich gebeugt. „So ist das nun mal mit Kindern. Sind manchmal ein bißchen mühsam. Schlafen Sie gut."

Er grinste schwach. Ich grinste zurück, ebenfalls schwach, sehr schwach.

Es war nicht nur mit Kindern so. Das drittemal erschien er allein. Ich sah ihn nicht, als ich aus dem Schlaf hochfuhr, da er mit Rücksicht auf unsere Nachtruhe im Nebenzimmer kein Licht gemacht hatte. Ich hörte ihn nur. In der Dunkelheit war er offenbar vom Weg abgeirrt und hatte die Tür zum Hausgang nicht gefunden, denn das Gepolter und darauffolgende unterdrückte schmerzvolle Fluchen kam aus der Fenstergegend her.

Ich knipste die Nachttischlampe an. Er stand am Fußende von Julias Bett, rieb sich das Schienbein und blinzelte verstört auf Julias nackte Beine nieder, die bis zu den Knien unter der Decke hervorsahen. Sein Nacht-

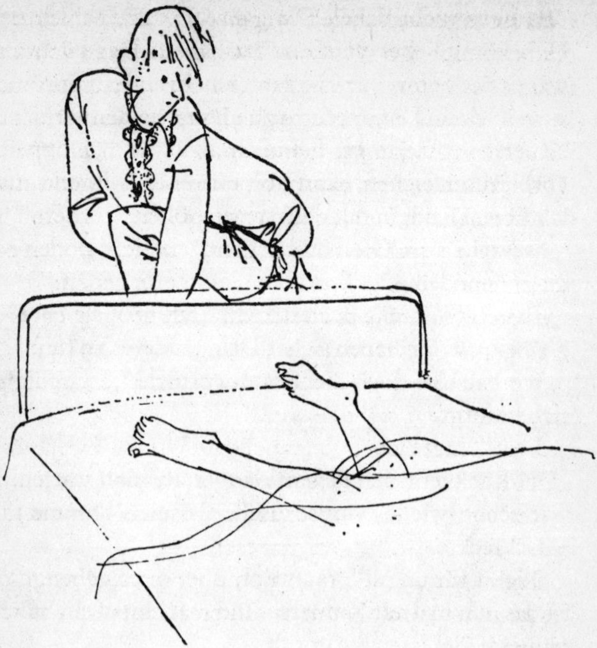

hemd mit Blümchenborte an der Knopfleiste hatte er vorn in eilig übergezogene Hosen gestopft; hinterwärts hing es bis in die Kniekehlen runter.

„Dacht' ich mir's doch, daß ich hier nicht richtig bin", murmelte er betreten. Und mit einem scheuen Blick auf die Beine: „Sagen Sie, erkältet sich Ihre Gattin nicht?"

„Sie schläft immer so", erläuterte ich.

Julia hing der Überzeugung an, daß der Körper auch in ruhendem Zustand in der Lage sein müsse, für den Ausgleich seines Wärmehaushalts zu sorgen. Verweichlichender Überhitzung unter der Decke sei durch Freilassung eines genügend großen Segments der Körperoberfläche entgegenzuwirken. Da sie den Kopf ihrer

Geräuschempfindlichkeit wegen verhüllte, steckte sie die Segmente unten heraus. Das theoretische Rüstzeug für ihr Verfahren hatte sie den „Ratschlägen zu gesunder Lebensführung auf biologischer Basis" des Reform- oder Drogistenblättchens entnommen.

Ich erklärte es dem Herrn, bis mir auffiel, daß er unauffällig von einem Fuß auf den anderen trat.

„Lassen Sie sich nicht aufhalten", schloß ich. „Jeder hat so seine Nöte."

„Eben", murmelte er erleichtert und setzte sich zur Tür in Bewegung. „Hoffentlich . . ."

Ich bemühte mich um Glaubwürdigkeit. „Nein, Sie haben bestimmt nicht gestört."

Ich ließ das Nachttischlämpchen brennen. Er erkannte es beim Rückmarsch dankbar an.

„Nett von Ihnen", flüsterte er. „Tut mir schrecklich leid. Müssen die Feigen gewesen sein . . . oder die Ölsardinen. Haben gleich so komisch geschmeckt. Oder beides zusammen. Geben Sie Ihren Kindern nie frische Feigen."

„Wir haben keine."

„Feigen?"

„Nein, Kinder."

„Ah, richtig. Na ja, dann gute Nacht."

„Bis zum nächstenmal", knurrte ich hinter ihm her und biß mir gleich darauf auf die Lippen. Der Höflichkeitsbazillus hatte offenbar auch mich schon erwischt.

Ich hörte, wie Julia sich nebenan aus der Decke pellte.

„Sind alle durch?" erkundigte sie sich. Ich bewunderte ihre Gefaßtheit.

„Noch nicht", sagte ich. „Drei der Knaben fehlen noch, wenn ich keinen verpaßt habe. Dafür war der Papa schon zweimal da. Eben hat er deine Beine besichtigt."

„Wenn's weiter nichts ist", bemerkte sie schläfrig und

wickelte sich von neuem ein. Im nächsten Moment wikkelte sie sich hastig wieder aus und setzte sich den Geräuschen nach auf.

„Nur die Beine?" In ihrer Stimme schwang deutlich Argwohn.

Ich griente dünn. Julia behauptete, an den Beinen hochrutschende Pyjamahosen klemmten und behinderten dadurch die ordnungsgemäße Blutzirkulation, weshalb sie stets ohne zu schlafen pflegte.

„Nur die Beine", beruhigte ich sie. „Bis zu den Knien. Sonst guckte nichts raus."

Sie atmete hörbar erleichtert auf und sank zurück. „Ist ja bloß wegen der fettigen Haare", murmelte sie. „Gestern abend war ich zum Haarwaschen nämlich zu faul."

Von neuem war ich mir selbst überlassen. Ein geraumes Weilchen sann ich über die verwirrenden Winkelzüge weiblicher Eitelkeitsregungen nach, dann fiel mir auf, daß ich eigentlich hätte schlafen können. Oben rührte sich nichts, weitere Folgeerscheinungen der frischen Feigen – oder waren es die Ölsardinen? – ließen auf sich warten. Das Schlimme war nur: ich traute dem Frieden nicht, und das hinderte mich wiederum am Schlafen. Je länger ich verdrossen ins Dunkel lauschte, desto mehr wurmte mich die Schweizer Rücksichtslosigkeit. Privat mochten sie ja reizend und höflich sein, aber mit ein bißchen mehr Umsicht und Disziplin hätte sich so was statt nacheinander doch in einem Aufwaschen abmachen lassen. In einer Zeit organisierter Massenabfertigung war für solche individuellen Extratouren kein Platz. Aber was ließ sich von Schweizern, die jahrhundertelang außerhalb der großartigen europäischen Fortschrittsentwicklung selbstzufrieden im eigenen Saft geschmort hatten, schon anderes erwarten?

Die welthistorische Weite meines Gedankengangs setzte mich selbst in Erstaunen, und ich spekulierte ein weiteres Weilchen darüber nach, ob sich aus der Aufspürung der Zusammenhänge von Individualcharakter und Völkerschicksal wohl ein sicherlich aufsehenerregender Essay herauspressen ließe. Mittendrin schlief ich ein.

Die Schweiz schien offensichtlich nur darauf gelauert zu haben. Um 2 Uhr 31 erschien die Dame mit dem Knaben Nr. 3, um 2 Uhr 49 der Herr mit Nr. 4, um 3 Uhr 11 wiederum die Dame mit Nr. 2 und 5. Die jungen Herren waren äußerst mißgelaunt und gaben es trotz gezischter mütterlicher Ermahnungen kund. Ich kam mir vor wie auf einem Hauptbahnhof zur Zeit des Stoßverkehrs. Nachdem ich zum drittenmal auf diesbezügliche Anfragen mit immer kargerer Höflichkeit versichert hatte, daß sie keineswegs störten, rollte ich leise, um Julia nicht zu wecken, Matratze und Decke zusammen und schleppte sie in die Küche. Hier wenigstens, vermutete ich, unter dem rostigen Ausguß, würde ich endlich Ruhe finden. Der Wasserhahn trippte, es roch nach Scheuerlappen und Insektenmitteln und altem Käse, aber was besagte solch Kleinkram schon gegenüber dem Betrieb, dem ich glücklich entronnen war ...

Ein Tritt ins Kreuz und ein schriller weiblicher Schrekkensschrei rissen mich aus dem tiefsten Keller des Schlafs an die nun von grauendem Tageslicht trübe erhellte Oberfläche. Über mir ragte die Schweizer Dame, an jeder Hand einen mitgenommenen Knaben.

„Ach, Sie sind's!" hauchte sie erleichtert. „Ich dachte schon, ein Landstreicher hätte sich eingeschlichen."

In der Tür erschienen Julia und der Herr, Julia morgenfrisch und unterwärts in ihre Decke gewickelt, der Herr in wadenlangem Nachthemd mit schütter gesträubtem Haar. Der Schreckensschrei schien sie alarmiert zu haben.

„Ist was passiert?" erkundigte sich der Herr verstört.

„Nichts", sagte die Dame. „Die Kleinen sollten sich nach der Toilette die Hände waschen, und da ..."

Sie wies auf mich, als böte mein Anblick ausreichende Erklärung für einen Schreck in der Morgenstunde. Ich verwünschte den schweizerischen Hang zur Hygiene.

Der Herr starrte verwirrt auf mich hernieder: „Und ... was machen Sie da unten?"

Jetzt wäre es an der Zeit gewesen, auszupacken, meinem Herzen Luft zu machen und schlichtweg zu sagen: Weil Sie mich die ganze Nacht durch gestört haben, weil ich Ihrer Feigen oder Ölsardinen wegen kein Auge habe zutun können, bin ich wie ein Hund unter den Ausguß geflüchtet, und selbst da hat mich ein Tritt ins Kreuz aus der endlich gefundenen Ruhe gescheucht! Aber ich brachte es einfach nicht übers Herz. Er war so wohlerzogen, nett und höflich, daß ich mich gezwungen sah, ebenfalls wohlerzogen, nett und höflich zu sein, und, um ja keine Zweifel aufkommen zu lassen, rasch erklärte:

„Ich schlafe schrecklich gern in Küchen. Fragen Sie meine Frau. Eine scheußliche Angewohnheit von mir."

Julia bestätigte es. Ich sei schon beim Arzt deswegen gewesen. Der Psychiater habe es als einen atavistischen Rückfall ins Stadium des Höhlenmenschen bezeichnet. Die hätten auch rund ums Feuer geschlafen.

„Großer Gott!" murmelte der Herr und mied meinen Blick. Die Dame zog sich mit den Knaben vorsichtig ein wenig zurück, als hielte sie Atavismus für eine ansteckende Krankheit. Offenbar waren Höhlenmenschen in Solothurn nicht gesellschaftsfähig.

Julia fuhr strahlend fort: „Wie wär's auf den Schreck mit einem starken Kaffee?"

Der Herr lebte wieder auf und nickte begeistert.

„Aber doch nicht im Nachthemd, Urs!" sagte die Dame verweisend.

Urs sah erschrocken an sich hinab, erbleichte und zog sich eiligst in den dunklen Hausgang zurück.

„Entschuldigen Sie", stotterte er. „Leider ... ich meine ... wie Sie sehen ..."

Die Dame drängte mit den erheiterten Knaben nach. „Gute Nacht", sagte sie damenhaft. „Schlafen Sie wohl."

Wir wünschten das gleiche. Julia wartete, bis sie außer Hörweite waren.

„Reizende Menschen", bemerkte sie dann. „Immerhin gut, daß sie keinen Kaffee wollten. Ich hätte ihn gar nicht kochen können, ohne die Decke loszulassen."

„Du hättest dich mit einem atavistischen Rückfall in die paradiesischen Urzeiten der Menschheit entschuldigt. Was machst du da?"

„Kaffee für uns. Du hast ihn nötig."

„Gut", sagte ich. „Ich ziehe mich inzwischen an. Dann hol' ich Jakob aus den Federn und kaufe den Stall. Lieber auf Stroh im Stall als noch solche Nacht."

Schritte schlurften über den Flur. Julia gelang es eben noch, die Decke um ihre paradiesische Hälfte unterwärts der Pyjamajacke zu drapieren, bevor ein Spalt sich öffnete. Der Herr steckte den Kopf herein, das Nachthemd blieb draußen.

„Was mir noch sehr am Herzen liegt ..." Er suchte verlegen nach Worten. „Sie ... ich meine, Sie würden's mir doch ganz bestimmt sagen, wenn wir Sie störten? Offenheit ist das Bekömmlichste für gedeihliches Zusammenleben."

Ich nickte stumm. Was herauskommen würde, wenn ich den Mund auftat, konnte ich nicht garantieren. Vielleicht wäre es für ein gedeihliches Zusammenleben zu offen gewesen. Er verschwand befriedigt.

„Himmel und Zwirn!“ sagte Julia gedämpft, doch aus vollem Herzen.

„Sag’s laut und sag’s richtig“, ermunterte ich. „Was sein muß, muß sein. Immer nur runterschlucken, ist auch unbekömmlich.“

Sie sagte es sowohl als auch. Es klang nicht gerade damenhaft, aber es erleichterte ungemein.

2. Kapitel

Bella Italia

Der Morgen draußen nahm sich wie ein Morgen aus einem Fremdenverkehrs-Prospekt aus: blausilbern, frisch gebohnert, mit ein paar rasch schwindenden Frühnebel-Girlanden lustig behängt, und von Jakobs bröckligem Terräßchen aus konnten wir jetzt auch die Aussicht bewundern, die er uns in stockdunkler Nacht angepriesen hatte.

Ganz hinten prangte weißglitzernd vorm seidigblau ausgeschlagenen Firmament wie eine kostbare Reliquie der schneeige Gipfel, davor zog eine Prozession grünbrauner Bergrücken feierlich dahin, unten blinkerte der See mit Herden kleiner, bunter Häuschen an seinem Ufer, und ganz vorn, vor uns und um uns, breitete sich Jakobs Grundstück, ein grasbestandenes, von Nußbäumen und einer struppigen Ligusterhecke gesäumtes Plateau, eine Art Zwischenstufe der mächtigen, vom See aufsteigenden grünen Terrassentreppe des Hangs. (Aus dem „uns" ersieht man, daß Julia vorsichtshalber gleich mitgekommen war. Meine Bemerkung über die Vorzüge ungestörten Schlafs im Stroh hatte es ihr ratsam erscheinen lassen.)

Übrigens war auch Jakob da. Wir hatten ihn gleich entdeckt, als wir uns durch die Hecke bohrten. In knittrigen blauen Leinenhosen und einem in der Wäsche eingegangenen Wollhemd, das ihm knapp bis über den Bauchnabel reichte, bückte er sich über irgendwas im Gras. Auf seinem borstigen Schädel saß ein Gärtnerstrohhut mit zerfaserter Krempe, der so aussah, als hätte er wochenlang drauf geschlafen.

Er hörte sich unsere nächtliche Leidensgeschichte an und nahm erfreut zur Kenntnis, daß wir größte Neigung verspürten, dem von ihm empfohlenen Stall näherzutreten.

„Hab's ja gleich gesagt", erklärte er. „Kaufen ist immer das beste. Keine Hühner, keine Schweizer ... Kann einer von euch mal das Bandmaß halten?"

Er drückte mir ein Ende in die Hand, und während er das andere an einen in den Boden gerammten Pflock hielt, forderte er mich auf, es parallel zur Terrasse glattzuziehen und bei zwei Metern einen Stein hinzulegen.

„Was wird denn das?" fragte Julia.

Er sah befriedigt auf sein Werk.

„Ein Bassin. Zwei Meter mal anderthalb." Mit einem reichlich erdigen Finger deutete er Lage und Umfang an. „Für Goldfische ... mit einem Springbrunnen drin. Stell dir vor, wenn's in der Mittagshitze so schön frisch plätschert ..."

Man sah's ihm an: das Zukünftige hatte für ihn schon Gestalt angenommen.

„Schön", sagte ich gläubig.

Er nickte bescheiden.

„Und wo kriegst du das Wasser her?" erkundigte sich Julia, nüchtern der Gegenwart verhaftet. Sie hatte sich nach einem Wasserhahn umgesehen und keinen gefunden.

„Von da." Mit dem Blick suchte er irgend etwas im Gras.

„Herrjeh!" sagte er aufgeregt. „Wo ist denn der Stein geblieben?"

Es stellte sich heraus, daß ich mich zur Markierung der Bassinecke ahnungslos des Steins bedient hatte, der an der Stelle deponiert worden war, wo nach Behauptung eines extra von ihm bestellten Rutengängers in sechzehn Meter Tiefe eine üppig fließende Wasserader Möglichkeiten zum Anzapfen bot.

Aufatmend fand Jakob den Abdruck des Steins zwischen zwei Grasbüscheln wieder, und während er mit dem großen Zeh ein Merkzeichen in den Boden grub, als trachte er danach, auf der Stelle sechzehn Meter tief nach Wasser zu bohren, betrachteten wir mißtrauisch den Fleck, der genauso trocken aussah wie die ganze Umgebung.

„Und woher weißt du, daß es stimmt?" forschte Julia zweifelnd.

Jakob gab bereitwilligst Auskunft.

Erstens sei Radiästhesie eine anerkannte Wissenschaft, und selbst wenn sich bei gelernten Wissenschaftlern die Möglichkeit fehlerhafter Erkenntnisse nie ganz ausschließen lasse, habe der Mann doch bei einem neugierig der Prozedur beiwohnenden Nachbarn seine Befähigung zur Auffindung verborgener Schätze eindeutig unter Beweis gestellt.

„Hat er bei ihm auch Wasser gefunden?"

„Nein. Hämorrhoiden."

Die logische Ableitung, fuhr er unbekümmert um unsere verdutzten Gesichter fort, sei unabweislich. Wenn das eine stimme – und der Nachbar habe es nach einigen schamhaften Ausflüchten eingestanden –, sei anzunehmen, daß es auch mit dem andern seine Richtigkeit habe.

Als wir kurz danach dem Stall zustrebten, den Jakob uns als besonders günstig gepriesenes Kaufobjekt vorführen wollte, kamen mir doch leise Bedenken ob des sträflichen Leichtsinns, uns auf Empfehlung eines Menschen in einen Hauskauf zu stürzen, der inmitten eines wasserlosen Terrains ein Bassin mit Springbrunnen für

Goldfische optimistisch auf die Hämorrhoiden seines Nachbarn baute. Kein Schimmer verriet mir noch, wie begründet meine Besorgnisse waren.

Von weitem sah der Stall wie ein aus dichtem Lorbeer- und Ebereschengestrüpp herausstrutzender Überrest einer ansonsten von widrigen Zeitläuften verschlungenen mittelalterlichen Feste aus: grobes, graubraun übereinandergetürmtes, moosbewachsenes Feldsteingemäuer, zwei schmale, granitgerahmte Fensterscharten, ein schiefes, sattelartig eingesunkenes, rotbraunschwärzliches Hohlziegeldach drüber. Innen wirkte er traulich wie ein Verlies – gruselig, eng, muffig und gerade hell genug, daß wir die prächtig gedeihende Schimmelpilzplantage an den Wänden bewundern konnten.

„Na, was sagt ihr?" rief Jakob begeistert. „Seht euch bloß diese himmlischen Maße an! Das Ding ist uralt, aber damals haben sie eben selbst ihre Zweckbauten mit einem unbewußten Gefühl für Schönheit errichtet. Dazu solide wie Eisenbeton. Wenn ihr die Fenster erweitert und die Wände kalkt, wird's hier urgemütlich sein. Und da oben könnt ihr euch eure Schlafkemenate einrichten."

Er stieß mit dem Knüppel, den er unterwegs aufgelesen hatte, gegen die Bohlendecke, die den unteren Raum vom Dachverschlag trennte. Der Knüppel fand zu seiner Überraschung kaum Widerstand, und im nächsten Moment polterte ein zermorschtes Stück Bohle herunter, haarscharf an Jakobs Nase vorbei. Er sprang so behende beiseite, wie wir es ihm bei seiner stattlichen Körperfülle nie zugetraut hätten.

„Solide wie Eisenbeton", murmelte Julia.

„Na ja, ein paar neue Bretter müßt ihr vermutlich einziehen", räumte Jakob ein.

„Und das Dach?" fragte Julia. Sie spähte mit neugierig hochgereckter Nase durch die klaffende Lücke nach oben. Wir taten's ihr nach; die Lücke hätte bequem auch fünfen Durchlug gewährt.

Was wir sahen, war nicht eben heiter. Auf einer Seite war schon ein guter Quadratmeter Ziegel runtergefallen, und der Rest schien nur auf eine passende Gelegenheit zu warten, ein Gleiches zu tun.

Jakobs Begeisterung war ungebrochen. Er disponierte nur um. „Großartig!" rief er. „Ihr nehmt das ganze Zeug einfach runter und legt dafür Zementträger drauf. Dann habt ihr gleich eine schmucke Sonnenterrasse."

„Und von außen sieht's noch mehr wie ein Miniaturzuchthaus aus", ergänzte Julia nüchtern und trat den Rückzug an. Wir sahen betreten hinter ihr her. Ich mochte Jakob und gehöre zu den Leuten, die sich lieber die Zunge verrenken, als die Gefühle guter Freunde mit Füßen zu treten. Von Julia war so zarte Rücksichtnahme nicht zu erwarten.

„Ich will euch mal was sagen", fuhr sie entschieden fort, als sie den verhältnismäßig sicheren Platz unterhalb des stabilen Granitträgers über der Tür erreicht hatte. „Wenn ich hier ein Haus kaufe, möcht' ich nicht wie die lieben Tierchen drin hausen, für die das hier gedacht war. Elektrisch Licht muß nicht sein, eine Petroleumfunzel tut's zur Not auch, aber fließendes Wasser brauch' ich und ein Bad und ein richtiges Klo zum Ziehen, und wenn ich ins Bett will, möcht' ich nicht über eine wacklige Hühnerstiege reinklettern müssen. Und außerdem wollen wir heute schon rein."

„Dann eben nicht", murrte Jakob beleidigt. „Ich hab' euch ja nur einen Tip geben wollen."

Er verlieh seiner Enttäuschung durch einen kräftigen Schlag mit dem Knüppel gegen die Mauer Ausdruck. Unwillkürlich zogen Julia und ich den Kopf ein. Gleich darauf rasselte oben eine kleine Lawine zu Tal und landete auf der Zwischendecke, und ein weiteres Bohlenstück fiel gemeinsam mit einem zersplitternden Ziegel in den unteren Raum.

Jakob sah verdrossen auf seinen Knüppel und dann auf die Ziegelsplitter. Sein Enthusiasmus welkte dahin. Immerhin lieferte er ein Rückzugsgefecht:

„Ein bißchen Unbequemlichkeit müßt ihr natürlich schon in Kauf nehmen. Sonst mietet euch lieber gleich unten am See im Grandhotel ein."

Sein Ton ließ erkennen, was er von Leuten dachte, die den Komfort im Grandhotel dem schlichten Busen der Natur vorzogen.

Im gleichen Augenblick polterte ein verspäteter Ziegel herunter, diesmal ihm direkt auf den Hut, und schlug ihn – und uns – endgültig in die Flucht. Das Kapitel „Stall" war damit abgeschlossen. Wir sahen uns nach richtigen Häusern mit festen Dächern um.

Es war nicht so einfach, wie wir uns das zuerst gedacht hatten. Die, die uns gefielen, waren nicht zu haben, und die, die zu haben waren, gefielen uns nicht. Entweder lagen sie zu dicht am Friedhof oder an der Bahn, waren sie zu groß oder zu klein, zu dunkel oder zu schlecht geschnitten, vom Wurm bedroht oder vom Schwamm befallen, von alten, aber bemerkenswert zäh wirkenden Damen bewohnt, die es nur gegen auskömmliche Renten auf Lebenszeit hergeben, oder von Leuten, die sich den Garten ungeschmälert für ihre Hühner- und Karnickelzucht vorbehalten wollten. Wir hatten keinen Schimmer gehabt, was alles unsern Wünschen tückisch ein Bein stellen konnte.

Anfangs hatte uns Jakob auf unseren Besichtigungswegen begleitet, aber auf die Dauer ergaben sich Reibereien, da Julias und seine Betrachtungsweise allzusehr auseinanderklafften. Begeisterten ihn eine alte, brüchige Feldsteinmauer, ein wackliger, von hübsch geschnitzten Holzträgern notdürftig gestützter Giebel, ein origineller Schornstein zu Lobeshymnen auf die bodenständige Architektur und den Reiz des Ursprünglichen, zählte sie mißgestimmt die Risse im Putz, erkundigte sich nach dem Funktionieren der Wasserleitung und dem Zug des Kamins und fahndete argwöhnisch nach Holzböcken im Dachgebälk und feuchten Ecken im Keller.

„Du mußt ja nicht drin wohnen“, hatte sie seinen Vorwurf, sie sei kleinlich und spießig, unbeeindruckt erwidert. „Von draußen sind ursprüngliche Reize vielleicht ganz romantisch, aber drin ist es mir weniger ursprünglich lieber.“

Am dritten Tag widmete er sich wieder dem künftigen Tummelplatz seiner Goldfische und überließ uns der Mühsal, radebrechend mit Hauseigentümern fertig zu werden, die Julias Beanstandungen übelnahmen und als unfairen Versuch ansahen, ihre Preise zu drücken. Wir schliefen übrigens noch immer bei den reizenden Schweizern, und obwohl die Nächte dank Feigenabstinenz jetzt ungestörter verliefen, störte es uns doch, bei jeder privaten Anwandlung besorgt nach beiden Türen lauschen zu müssen, ob sich nicht gerade Schritte näherten. Und der Umstand, daß die Schweizer sich als Frühaufsteher entpuppten und mit diskret gesenktem Blick im Gänsemarsch unser Zimmer durchquerten, während wir noch in den Betten lagen oder bestenfalls beim Waschen waren – Julia schoß dann jedesmal mit einem Hechtsprung ins Bett, und der Herr senkte die Augen noch tiefer –, trug auch nicht gerade zu unserer Erheiterung bei. Wir wären liebend gern ausgezogen, wußten aber vorderhand nicht, wohin.

Wir brüteten wortkarg über unserem Mißgeschick, als wir abends im Albergo auf unser Essen warteten. Um uns herum, vom Neonlicht in Wasserleichen verwandelt, wimmelte es von vorwiegend männlicher Kundschaft, die Luft war zum Schneiden dick von Zigarettenqualm und nahrhaften Düften, auf dem Fernsehschirm in der hinteren Ecke spielte sich etwas ekstatisch Hüpfendes, ungeheuer Bewegtes ab, ohne daß uns auch nur ein Tönchen erreichte, so ohrenbetäubend umdröhnte uns das Stimmengewirr. Trotzdem mußte der plattfüßige, dicke Kellner ein paar von unseren spärlichen Brokken aufgeschnappt haben. Er hieß Egidio, war in seiner schlankeren Glanzzeit Ober im Frankfurter Hof gewesen und sprach und verstand von damals her Deutsch. Nicht besonders gut, aber gut genug, um sich ab und zu in ein Gespräch mit uns einzulassen und mit seinen Kenntnissen zu prunken.

Auch jetzt blieb er neben uns stehen, vertraulich vorgebeugt und gewohnheitsmäßig mit seiner Serviette über die Tischplatte wedelnd. Mit der anderen Hand balancierte er ein volles Tablett.

„Scusi, signori“, sagte er würdig. „Iiisch ’ören, Sie wollen kaufen ’aus und niiischt finden. Iiisch kenne ’aus ssü verkaufen, kleiner ’aus ...“

Zwei Tische weiter brüllte jemand ungeduldig nach ihm, vermutlich der Mann, dessen Spaghetti auf dem Tablett auskühlten. Ohne hinzusehen, gab Egidio durch eine nachlässige Handbewegung kund, daß er, wie jeder mit Augenlicht Begabte deutlich sehen könne, schon auf

dem Weg sei, indessen im Moment wichtigerer Dinge wegen nicht gestört zu werden wünsche, und fuhr ungerührt fort:

„... aberr wunderrscheen. Okkasion, versteh? Ssüfällig iiisch kenne 'errn, derr wiill verkaufen. Gutter ... wie sagt man – cliente?"

Er sah mich und dann Julia fragend an. Julia warf ein: „Kunde!"

„Grazie, signora ..." Er verbeugte sich galant. Das Tablett geriet dabei nicht ins Schwanken. „Gutter Kunde von diese Etablissement ..."

Ich wäre natürlich auch auf „Kunde" gekommen, aber trotz des unverhofften Hoffnungsstrahls in unserer Hauskalamität saß ich wie auf glühenden Kohlen. Der schon beträchtlich weniger dampfenden Spaghetti und ihres Eigentümers wegen, der sich zwei Tische weiter wütend zu uns umgedreht und seine Tischrunde zu Zeugen des ihm widerfahrenden Ungemachs aufgerufen hatte. Grollendes Gemurmel stieg von dort auf, während im Vordergrund Egidios Stimme unbekümmert weiterplätscherte:

„Err mir sagen, 'aus ssu alleine fier ihm. Aberr vielleicht jungge 'ibsche Dame und jungger Mann niiischt alleine genug kennen sein ..."

Mir war nicht nach Würdigung seines bescheidenen Scherzes zumute, denn eben drehte sich der Mann wieder um und brüllte durch den Zigarettenqualm irgendwas Fürchterliches zu uns herüber. Auch an anderen Tischen wurden die Leute aufmerksam.

Egidio schien es nun an der Zeit, seinen wutschnaubenden Gegner wenigstens zur Kenntnis zu nehmen. Zuvor jedoch beugte er sich, vom Knoblauchduft abgesehen bis ins letzte ausgefranste Knopfloch seiner angeschmuddelten weißen Jacke ganz Kavalier der Frankfurter Schule, noch vertraulicher zu uns, zog die fingerdikken schwarzen Augenbrauen in die Stirn und schüttelte bekümmert das Haupt.

„Unheefliches Mensch“, bemerkte er. „Wietigg wie Untier, wenn kein Futterr. Wo err doch sieht, daß iiisch bin bescheeftigt... Scusi, signori.“

Darauf ließ er, ohne sich vom Platz zu rühren, eine Schnellfeuerkanonade gewiß nicht des feinsten italienischen Vokabulars auf ihn los, die im gleichen atemberaubenden Tempo und womöglich noch lauter und unfeiner beantwortet wurde. Weiter hinten begannen die Leute auf die Stühle zu klettern, um keinen Augenblick der erhofften Prügelei zu verpassen, und ich sah besorgt zu Julia hinüber. Sie grinste mir zu und bewegte die Lippen, aber in dem Tumult verstand ich sie nicht. Drüben war der Mann aufgesprungen, der Kopf knallrot wie eine überreife Tomate, sein dräuendes Mienenspiel versprach Gewalttätigkeit. Die Spaghetti auf Egidios Tablett sahen aus wie kalter Glibber.

Ich lehnte mich zu ihr hinüber: „Was hast du gesagt?“

„Bella Italia!“ trompetete sie aus Leibeskräften zwischen trichterförmig vorgehaltenen Händen.

Sie hatte sich für ihren Stimmaufwand den falschen Zeitpunkt erwählt. Zufällig war in diesem Moment beiden Parteien gleichzeitig die Puste ausgegangen, und Julias „Bella Italia!“ schmetterte wie ein Schlachtruf in den Atemzug Stille.

Was ich erwartete, weiß ich nicht. Vermutlich, daß die Mauern einstürzen oder zumindest beide feindlichen Heerhaufen, über den offenbaren Hohn erbost, in schönster Eintracht über uns herfallen würden. Ergeben kniff ich die Augen zu, um dem Debakel nicht auch noch in den aufgerissenen Rachen zu sehen, aber der Weltuntergang blieb aus. Als ich sie vorsichtig wieder auftat, sah ich rundum nur strahlende Blicke, von patriotischem Stolz überglänzte Gesichter. Julias Lobpreisung hatte wie die ersten Blaskapellentakte der Nationalhymne auf einer Kriegervereinsfestivität gewirkt, hatte sie seelisch die Hacken zusammenschlagen und ihr Gemüt ergriffen Haltung annehmen lassen. Bella Italia! Eine Ausländerin mußte kommen, um sie an Glanz und Gloria ihrer gemeinsamen Herkunft zu erinnern!

Der tomatenfarbene Herr, eben noch zu unfeinen Taten entschlossen, stürzte herzu, drückte Julia und mir freudig bewegt die Hand und ließ aus dem Stegreif eine in Wohlklang schwelgende Rede von Stapel, von der ich außer häufig wiederkehrendem „Bella Italia“ nichts verstand, und während weitere unbekannte Herren, die in der Aufregung vergessen hatten, ihre tomatensoßenflekkigen Servietten aus dem Kragen zu ziehen, uns leuchtenden Blicks die Hände aus den Gelenken zu schütteln strebten, sickerte, zweifellos von Egidio verbreitet, die Kunde durch, daß es unser innigster Herzenswunsch sei, in la bella Italia ein Heim zu besitzen.

Die Begeisterung schwappte daraufhin vollends über. Sie waren in dieser Ecke Italiens durch den Andrang mehr quadratmeter- als schönheitshungriger Grundstückshamster noch nicht verwöhnt und fühlten sich persönlich geehrt, daß wir uns gerade hier, in ihrer Mitte, ansiedeln wollten. Unsern Tisch für bestenfalls vier Personen umrankten alsbald auf polternd herangerückten, in Zweierreihen aufgebauten Stühlen an die fünfzehn Gestalten, Egidio stellte den in Vergessenheit geratenen Spaghettiglibber zur Seite und begann, aus Bastkörbchen ragende Flaschen herbeizuschleppen, Wein plätscherte in Gläser und zuweilen daneben, und über Tisch, Weinpfützen, Zigarettenqualm, gestikulierende Hände und heiße Köpfe knatterte temperamentvoll die

Diskussion, wo und wie wir am schnellsten zu einem Haus kommen könnten.

Sie fand ohne unsere Mitwirkung statt. Schon aus sprachlichen Gründen. Wir wurden gar nicht gefragt. Aber wir hatten auch so genug zu tun, auf unser Wohl, ihr Wohl – insgesamt und einzeln – und das Wohl bella Italias zu trinken, die Gläser zu schwenken, reihum geschmuggelte Schweizer Zigaretten anzubieten, von ihnen im Austausch schwärzliche Nazionales anzunehmen und sogar zu rauchen, obwohl wir sonst kaum rauchten, zu nicken, zu lachen, all das glaubhaft vorzuführen, was die Gelegenheit und so viel stürmisch wogender guter Wille von uns verlangten. Und uns zwischendurch verstohlen nach ein bißchen Ruhe zum Verschnaufen zu sehnen.

Es war nichts damit. Unsere neugewonnene Freundeskumpanei war unerbittlich entschlossen, unser Hausproblem auf der Stelle und über jedes Hindernis hinweg, notfalls auch über uns, zu lösen. Jeder kannte ein Haus, wußte von einem Haus, besaß womöglich eins, pries es in höchsten Tönen, rühmte Lage, Aussicht und Preiswürdigkeit, war erstaunt, gekränkt, entrüstet, daß die andern durchaus nicht seiner Meinung waren, daß sie ihrerseits viel schönere, in puncto Lage, Aussicht und Preiswürdigkeit weit empfehlenswertere Häuser kannten und bis auf den, der gerade mit Rühmen und Preisen dran war, die Ansicht vertraten, daß man den ausländischen Signori, die la bella Italia liebten, nicht jedes anbieten könne, daß nur das Schönste angemessen sei, die schönste Lage, die prächtigste Aussicht . . .

Auch wer sonst noch im Raum saß und sich nicht gleich freiwillig uns zugesellt hatte, wurde unwiderstehlich in den Sog der Debatte und durch ihn in unsere turbulente Runde gezogen, schon deshalb, weil Egidio die Bedienung der anderen Tische eingestellt hatte, um ja nichts zu verpassen und rechtzeitig zur Stelle zu sein, wenn „sein" Haus in Gefahr geriet, von andern Häusern verdrängt zu werden. Allenfalls rannte er auf seinen Plattfüßen kurz mal raus, um mit neuen Bastkörbchenflaschen zurückzukehren, sich mit frischen Kräften in die Diskussion zu stürzen und gleichzeitig die leeren Gläser zu füllen, was seiner Zielgenauigkeit abträglich war. Das Lächeln war auf Julias Gesicht längst festgefroren, auf meinem auch, und die Zeitrechnung war uns gänzlich abhanden gekommen, als sie sich schließlich über unsern Kopf weg zu guter Letzt auf Egidios Vorschlag einigten, auf das Haus jenes „cliente", der verkaufen wollte, weil es „fier ihm zu alleine" war. Wir waren so im Lächeln und Nicken drin, daß wir weiterlächelten und -nickten, auch zu diesem Vorschlag, auch zu Egidios Angebot, morgen – oder war es schon heute? – mit uns zu dem „cliente" zu gehen, um die Kaufverhandlungen in Gang zu bringen.

Ich weiß nicht genau, wie wir in dieser Nacht in unsere Betten gelangten. Ich weiß nur, daß mich mein knurrender Magen aus erstem dünnen Schlummer weckte.

„Hast du auch so Hunger?" fragte ich den Strutz wuschliger blonder Strähnen, der nebenan über die hochgezogene Bettdecke quoll. „Mir kommt's vor, als hätte ich überhaupt nichts gegessen."

„Hast du auch nicht." Die Decke hatte sich um fünf Zentimeter abwärts verschoben, und Julias Stimme klang schläfrig. „Wir hatten was bestellt – minestra und cotoletta alla milanese –, aber der Schuft Egidio hat's zu bringen vergessen."

Sie drehte mir gähnend den Rücken zu und fuhr fort, halb schon in Traumgefilde hinübergeglitten: „Dafür haben wir aber ein Haus."

Die Vorstellung in Öl gebratenen goldbraunen Fleischs

trieb mir das Wasser im Mund zusammen. Ich war schon drauf und dran, aufzustehen und in der Küche nachzusehen, ob in Ermangelung der cotoletta von den Schweizern oder irgendeinem Vormieter irgendwann und irgendwo ein Kanten Brot liegengeblieben wäre. Er konnte verstaubt, vertrocknet oder verschimmelt sein, es wäre mir völlig schnurz gewesen... Und plötzlich durchfuhr es mich eiskalt. Einen Moment lag ich wie geplättet, dann rüttelte ich an Julias Schulter.

„Was ist denn?" murrte sie verdrossen. „Wenn ich schon nicht esse, will ich wenigstens schlafen."

Was sie wollte oder nicht, schien mir in diesem Augenblick unerheblich.

„Was hast du eben gesagt? Wir hätten ein Haus? Was meinst du damit?"

„Daß wir eins haben!"

Sie drehte sich mir von neuem zu, schob mit einem Finger die Strähnen aus ihrem Gesicht und musterte meine Aufgeregtheit mit der unbeteiligten Kühle eines diagnostizierenden Psychiaters.

„Oder willst du Egidio sagen, er und die andern hätten sich umsonst die halbe Nacht um die Ohren geschlagen und ihre besten Gefühle für uns strapaziert?"

„Aber wir haben es doch noch gar nicht gesehen! Vielleicht wimmelt's von Holzböcken! Vielleicht kannst du im Keller schwimmen!"

Sie entzog sich mir schon wieder unter die Decke. Bevor sie ganz verschwand, hörte ich noch:

„Wenn's nur alleine genug ist fier jungge 'ibsche Dame und jungger Mann..."

3. Kapitel

Schreck in müder Abendstunde

O Wunder, es war nicht nur „alleine“, es war auch genau das Haus, das wir suchten. Klein, aber nicht zu klein, außen und innen säuberlich weiß getüncht, mit einer gelb umgitterten Schwebeterrasse davor und einer Schattenterrasse darunter, weil es nur mit der Rückfront auf dem Berghang saß und vorn auf vier glyzinienumsponnenen Zementstelzen thronte. Wir standen davor oder vielmehr daneben, weil man nur von seitwärts, von der kleinen Terrasse neben der Garage aus, genügend Überblick über das Prunkstück hatte, sahen es an, sahen uns an und wußten: dies oder keins.

Auch innen entsprach alles Julias Wünschen. Weder fielen Ziegel vom Dach noch Balken von der Decke noch brauchte sie über eine wacklige Hühnerstiege in ihr Bett zu klettern. Aus den Hähnen plätscherte Wasser, und Petroleumfunzeln erübrigten sich. Nur in einem Punkt weckte die Besichtigung ihr Mißvergnügen: die Spülung des Klos im rosagekachelten Bad funktionierte nicht.

Egidio, der uns in feierlich schwarzem Sonntagsstaat schlüsselklappernd im Auftrag des Besitzers begleitete, fand ihren Drang nach Vollkommenheit übertrieben. Die Spülung, beschwichtigte er, sei von Anfang an nicht in Ordnung gewesen, und der Besitzer habe deshalb einen Eimer mit Wasser danebengestellt. Zur Selbstbedienung.

Durch ein Schnipsen mit Daumen und Zeigefinger gab

er zu verstehen, wie einfach die schwierigsten Dinge zu bewerkstelligen seien, wenn man nur den gesunden Menschenverstand walten ließe.

„Funziona sempre ... nie kapuutt", fügte er grienend hinzu. „Serr viel praktiisch."

Julia ging es weniger um praktisch oder nicht, es ging um ihren meist friedlich ruhenden, gelegentlich aber und wenn dann stets gänzlich unvorhergesehen aufwallenden Ordnungssinn, der sich dagegen sträubte, daß etwas, das zu funktionieren hatte, nicht funktionierte, und etwas, das sie kaufen sollte, nicht bis zum letzten Hosenknopf in Ordnung war. Da Egidios argloser Blick jedoch völlige Verständnislosigkeit in dieser Hinsicht verriet, strich sie das Klo fürs erste aus ihren Gedanken und liebte das Haus so, wie es war.

Drei aufreibende Tage später zogen wir ein. Dreimal war die Verhandlung über die Kluft zwischen dem geforderten Preis und unserem Angebot nicht hinweggekommen, und dreimal schwebte Egidio plattfüßig herüber und hinüber, um uns zu Zugeständnissen zu überreden und Nachlässe für uns zu erlangen, angespornt, wie er uns mit warmem Augenaufschlag mitteilte, von seiner selbstlosen Freundschaft für so nette Menschen, wie wir es seien, und, wie er uns nicht mitteilte, sondern als selbstverständlich voraussetzte, von der Aussicht auf einen von beiden Seiten zu entrichtenden kleinen Nebenverdienst.

Zwischendurch war auch Jakob einmal erschienen. Er hatte uns gegrollt, weil wir seinen Tip mißachtet hatten, aber nun war er da, um in alter Freundschaft das Schlimmste zu verhüten, falls es Schlimmstes zu verhüten gab. Als er fand, daß das „falls" nicht zutraf, daß wir, beziehungsweise das Haus, zwar nicht mit Reizen ursprünglicher bodenständiger Architektur aufwarten konnten, wir uns andererseits aber auch keinen der modischen, rosagetünchten Bungalows mit viel Glas und wenig Solidität hatten aufschwatzen lassen, die er aus tiefstem Herzensgrund haßte, gab er dem Hauskauf zögernd seinen Segen, konnte sich aber trotzdem nicht enthalten, mehrfach zu murmeln, daß uns ein Stall garantiert billiger gekommen wäre, und wenn man in Luxus und rosa Kacheln hausen wolle, solle man doch gleich unten im Grandhotel ...

Seinen ungeteilten Beifall fand hingegen die Garage. Er hielt sie für überaus geeignet, eine Kakteensammlung aufzunehmen, und stellte sich, falls wir daran dächten, mit Rat und Tat bereitwillig zur Verfügung. Kakteen waren Jakobs schwächste Seite. Die seinen pflegte und versorgte er mit geradezu mütterlicher Hingabe, als spüre er eine tiefsitzende, geheime Verwandtschaft zwischen sich und den bizarren, stachligen Burschen. In stattlicher Anzahl waren sie teils unten im Wohnraum, teils oben auf dem Dachboden aufgebaut, und kein Tag verging, an dem er nicht mit kundigem Daumen den Zustand ihres Nährbodens prüfte, sie mit Lehm und Bimskies fütterte oder an eine ihrem Gedeihen günstiger scheinende Stelle versetzte. Er trennte sich nur ungern von ihnen, und wenn er sich für ein paar Tage von seinem Stall, seinen Malutensilien und seiner klapprigen Schreibmaschine losriß, um irgendwo Ideen zu tanken, war er zwar imstande, seine Hosen zu vergessen, aber ganz gewiß packte er wenigstens zwei Dutzend seiner Lieblinge in den Wagen, die gerade seine besondere Aufmerksamkeit zu erfordern schienen. Von Bierkastenvorbildern angeregt, hatte er sich extra zu diesem Zweck zwei mit Unterabteilungen versehene Rahmen aus Kistenbrettern gebastelt, in die er die Töpfe stellte, damit sie während der Fahrt nicht rutschten. Nahm er jemand auf den Hintersitzen mit – der freie vordere war ausgebaut, weil er sich durch einen Nachbarn in seiner Bewegungsfreiheit gehemmt gefühlt hätte –, sah sich der Bedauernswerte genötigt, seine von den Kästen-eingezwängten Füße entweder so lange stillzuhalten, bis sie kribbelnd einschliefen, oder die Knie bis ans Kinn hochzuziehen, um sich nicht an den Stacheln zu piken. Pikte er sich doch und stieß dabei womöglich einen Schmerzenslaut aus, hielt Jakob an, um sich zu überzeugen, ob etwa eine seiner kostbaren Cactaceen Schaden gelitten hätte. Der Fahrgast bekam allenfalls zu hören, daß er gefälligst zu Fuß gehen solle, wenn er die Füße nicht stillhalten könne.

Einem solchen Kakteen-Fan zu erklären, daß wir die Garage schlicht ihrer Bestimmung entsprechend zu verwenden gedachten, war nicht ganz einfach, und wir ließen die Angelegenheit deshalb in der Schwebe.

Das Haus war bereits völlig ausgeräumt gewesen, als wir es zum erstenmal besichtigt hatten, und nun, nach dem Abschluß, mußten wir schleunigst die notwendigsten Möbelstücke besorgen, um unsern Einzug und Auszug bei den Schweizern auch nicht um eine Stunde verschieben zu müssen. Wir hätten natürlich schon vorher Verschiedenes kaufen können, aber Julia meinte, in Anbetracht der Renitenz des Besitzers in der Preisfrage hieße das, die Götter versuchen, und was fingen wir ohne Haus mit dem Krempel an.

Sie hatte recht, theoretisch wenigstens, nur lief es in der Praxis darauf hinaus, daß wir gleich vom Notar aus, statt, wie Egidio erwartet hatte, erst einmal in der Bar an der Ecke das festliche Ereignis mit ein paar Gläschen und drumherum gerankten wohlgesetzten Reden würdig zu begehen, atemlos in den nächsten Möbelladen stürzten, als Grundstock unserer Einrichtung zwei Couchgestelle mit Seegrasmatratzen erhandelten, danach auf der Suche nach weniger praktischen, dafür schmükkenderen Dingen vier Antiquitätengeschäfte durchstöberten und schließlich auch noch einen Lastwagenbesitzer auftrieben, der für gewöhnlich Kohlen und Baumaterialien fuhr, sich aber auf Egidios beredte Vorstellungen und den Hinweis, daß man Ausländern überhaupt und speziell mit Rücksicht auf die nationale Zahlungsbilanz behilflich sein müsse, bereit fand, unsere Einkäufe in den verschiedenen Läden zusammenzusammeln und noch am Nachmittag zum Haus zu schaffen. Er versprach sogar, da er Julias besorgtes Gesicht bemerkte, sein Gefährt vorher von Kohlen- und Zementstaub zu reinigen und als Helfer beim Abladen den Onkel seiner Frau mitzubringen.

Dann erst war Zeit für das von Egidio ersehnte Feierstündchen, Zeit auch für die Überreichung des vorbereiteten diskreten Kuverts mit der ebenfalls ersehnten Anerkennungsgebühr für treue Vermittlerdienste. Er schob es unter stürmischen Beteuerungen seiner Uneigennützigkeit zuerst halbherzig, wenn auch noch ziemlich weit von sich, ließ es sich dann widerstrebend opferwillig aufdrängen, steckte es darauf unbesehen und unter weiteren stürmischen Anrufungen seiner unverbrüchlichen Freundschaft zu uns in die Jackentasche, wobei er mit kundigen Fingerspitzen die Dicke des Umschlags und den mutmaßlichen Inhalt abzutasten versuchte, zog es wie beiläufig wieder heraus, zerstreut und erstaunt, unversehens einen Brief in seiner Tasche zu finden, und überzeugte sich durch einen raschen, noch beiläufigeren Blick, daß seine Fingerspitzen ihn nicht getrogen hatten.

Das Resultat des Blicks befeuerte ihn zu einer Einladung für die zweite Flasche, da die von mir bestellte erste schon auf dem Tisch stand. Ein Weinchen für Kenner, versprach er mit schmatzenden Lippen und steil hochgezogenen Augenbrauen, die wie dicke schwarze Ausrufungszeichen in seinem fetten, listig-freundlichen Gesicht standen, etwas Besonderes, Exquisites!

Wir hatten eigentlich nur an eine Flasche gedacht, aber Julias warnender Blick besagte, daß wir ihn unmöglich kränken könnten, und so rollte die zweite an. Der Wein war bernsteinfarben, ölig und süß und beschwingte ihn zu rhetorischen Höchstleistungen, während er uns nur ins Gehirn und die Beine fuhr. Um seiner Wirkung entgegenzuwirken, bestellten wir etwas Nahrhaftes zur Festigung des Magens, und er bestellte eine dritte Bottiglia: die zweite vom Exquisiten. Das Feierstündchen nahm unvorhergesehene Ausmaße an. Es hatte ein schlichtes Feierstündchen sein sollen, nun wuchs es sich zu einem Gelage aus. Unsere schüchternen Andeutungen, man werde ihn im Albergo gewiß händeringend erwarten, wischte er mit einer königlichen Bewegung beiseite.

„Niiischt wiichtigg! Wiiischtigg iist, mit Frönnde sitzen, guttes Tropf triinken und Mensch sein! Jeddes Tag man niiischt kauft 'aus. Salute! Chin-chin!" Er hob sein Glas.

Hinterher bestand er zur Abrundung des Mahls auf Espresso und Grappa, und als es uns nach einem edlen Wettstreit ums Zahlen endlich gelang, ihn ungekränkt zum Aufbruch zu überreden, war der Nachmittag schon so weit vorgeschritten, daß der Lastwagen mit den Möbeln vor uns am Hause angelangt war. Der Mann hatte sein dreiachsiges Gefährt ohne Schrammen rückwärts durch die schmale Einfahrt in den Vorplatz zwischen Hinterfront und Straße gefädelt und war eben dabei, unsere neuerworbene Einrichtung so abzuladen, wie er Kohlen und Steinplatten abzuladen pflegte: indem er hinten die Klappe öffnete und vorne den Laderaum immer höher kurbelte, bis der Inhalt ins Rutschen geriet und auf die Erde polterte.

Glücklicherweise war er noch beim Kurbeln und stellte es auf Julias Schreckensgezeter ein.

Der Onkel sei infolge plötzlich aufgetretener Zahnschmerzen ausgefallen, erklärte er uns, und da sonst niemand dagewesen sei, habe er sich nicht anders zu helfen gewußt. Wir zwei, er und ich, würden es jedoch mit Leichtigkeit schaffen.

Er sah mich dabei argwöhnisch an. Offenbar weckten meine stattliche Fahne und mein der Festigkeit leicht ermangelnder Schritt Besorgnis in ihm, daß ich ein noch abwesenderer Helfer sein könnte als ein mit Zahnschmerzen behafteter abwesender Onkel.

Er täuschte sich. In einer halben Stunde war nach Julias Anweisungen alles aufgestellt, worauf er mit Segenswünschen schied, und eine weitere Stunde verbrachten wir damit, das Aufgestellte wieder umzustellen, mit Putzlappen von Kohlen- und Zementspuren zu befreien und hinterher ganze Schaufeln von Kohlen- und Zementspuren von den Bodenfliesen zu fegen. Der Lastwagenmann schien sich mit der versprochenen Reinigung nicht übermäßig aufgehalten zu haben.

Danach spazierten wir Hand in Hand durch die nun mit dem Nötigsten versehenen vier Zimmer, Küche und Bad, während ich mich gehaltvoll und bewegt über den Segen eines eigenen Heims verbreitete, über die Ruhe, die uns zuteil werden würde, und über unser gutes Recht, jeden Störenfried, wer es auch sei, von unserer Schwelle zu weisen. Was brauche man mehr zum friedvollen Leben als ein eigenes Dach überm Kopf, einen Tisch, um die Füße darunter-, und einen Teller, um Brot, Salami und Käse daraufzustellen.

Bei diesem Stichwort fiel Julia ein, daß wir zwar Dach, Tisch und Füße, aber keinen Teller besäßen. Geschirr einzukaufen hatten wir in der Eile vergessen. So schmausten wir ohne viel Federlesens mit den Fingern aus den Tüten und tranken sauren Rotwein aus der Flasche, den mir Cesares Frau im Negozio aufgeschwatzt hatte, und hinterher holte ich unsere Liegestühle aus dem Wagen, schleppte sie den Hang des Grundstücks rauf und runter, und jedesmal fanden wir ein hübscheres Ruheplätzchen. Hinter den Bergen auf der anderen Seite des Tals ging eine apfelsinenfarbene Sonne unter, der See, von dem wir ein Stückchen sahen, lag schon in blauen Schatten, und nur der Turm der alten Kirche zur Rechten stippte seine Spitze mit dem barocken Doppeldach noch in das schräge rotgoldene Licht. Wären wir nicht zum Umdrehen zu faul gewesen, hätten wir hinter uns zwischen den jungen Kastanien weiter oben am Hang das verblaßte Gelb der Klostermauern in warmen Tönen aufblühen sehen.

Diese Köstlichkeit war selbst mit einem stark entblätterten Bankkonto nicht zu teuer bezahlt. Mitleid überkam mich mit all den Leuten, die das Schicksal dazu verdonnerte, in Hotelzimmern hausen zu müssen, in denen sie mehr vom Nachbarn hörten, als ihnen und dem Nachbarn lieb war, der wiederum mehr von ihnen hörte, als ihm, dem Nachbarn, und ihnen ... und so fort. Es war trübselig, an dieses enge, friedlose Nebeneinander zu denken, und es war köstlich zu wissen, daß wenigstens wir ihm entflohen waren, daß wir Krach machen konnten, wann immer uns die Lust danach ankam, und Frieden fanden, wenn wir ihn brauchten. Jetzt, zum Beispiel, nach einem langen, reichlich mühsamen Tag mit Notariatsverhandlungen, Möbeleinkäufen, Feierstündchen, Möbelschleppen, Reinemachen und den zwar freudigen, aber gleichfalls erschöpfenden Erregungen des ersten Abends im Eigenheim ...

Julia hatte sich vor einem Weilchen zurückgezogen, ich stand am offenen Fenster vor meinem Bett, das auf seine Premiere wartete, und zerrte mir gähnend das Hemd über die Ohren, als in der nächtlichen Stille ein frohes „Juhu!“ erklang. Bevor ich mir noch klargemacht hatte, ob „Juhu!“ nun eine italienische oder deutsche Verlautbarung sei, erschien in dem aus meinem Zimmer fallenden Lichtschein von der Terrassenecke her eine Dame und in ihrem Gefolge ein Herr.

„Juhu!“ wiederholte die Dame munter. „Wir sind die Rupfs!“

Es schien als Vorstellung gedacht. Ob man will oder nicht – als Kulturmensch ist man selbst in seinen vier Wänden den Geboten der Schicklichkeit verpflichtet. So bekannte ich mich gleichfalls zu meinem Namen und suchte dabei meinem Oberkörper züchtig Deckung zu geben, was die Dame ungeheuer belustigte.

„Sieh dir das an, Freddy!“ juchte sie. „Er geniert sich noch! Dabei kann er sich sehen lassen.“ Sie plinkerte mir zu. „Ich bin in dieser Beziehung nämlich nicht sehr verwöhnt.“

Freddy, wer immer er auch war, kam hinter ihr zum Vorschein: einen guten Kopf kleiner als sie, fett und rosig wie ein Osterferkel, in einem dunkelblauen Blazer mit Goldknöpfen und scharfgebügelten weißen Tennishosen. Er drohte ihr schalkhaft mit dem Finger.

„Schrecklich, nicht?“ seufzte die Dame. „Dabei ist er so empfänglich für alles Schöne. Er ist innerlich Künstler ...“

Freddy winkte bescheiden ab.

„Na ja, wie man's nimmt ... Ich fabriziere Zubehör für künstlerische Gartengestaltung." Er warf sich in die Blazerbrust. „Vierhundert Leute im Betrieb ... entwerfe alles selbst – Gartenzwerge, Grotten, Springbrunnen ... was es so gibt."

„Oh!" sagte ich. Es klang ziemlich lahm, aber für Gartenzwerge mochte es allenfalls reichen.

Die Dame – war sie eigentlich eine? Sie kam mir ein bißchen grell dafür vor: platinbleiche Ponyfransen, glitzernde Klunkern in den Ohren, zuviel Busen für zu wenig Pullover, barocke Üppigkeit in angeklatschten Hosen aus Silberlamé – plauderte unbeschwert weiter:

„Wir sind nämlich Ihre Nachbarn ... ein Stück weiter den Weg nach oben ... auf der andern Seite des Bergs.

Und da wir hörten, daß Sie heute einziehen würden –“, sie ließ ein entzücktes Glucksern steigen, „jaja, so was spricht sich hier schnell rum –, sind wir fix mal rübergekommen, um Sie in Ihrer Einsamkeit ein bißchen zu trösten. Landsleute müssen in der Fremde zusammenhalten. Wo ist Ihre Frau? Sie haben doch eine?“

Sie schien anzunehmen, ich hätte Julia in einer Schublade vor ihr versteckt und sie müsse sie nun persönlich suchen. Um ihrem Tatendrang vorzubeugen, warf ich hastig ein: „Natürlich. Sie ist ... das heißt ... Warten Sie einen Moment. Wir haben schon zugeriegelt“, zerrte mir eilends das Hemd wieder über, bummerte an Julias geschlossene Zimmertür und rief gedämpft:

„Besuch! Liebe Nachbarn! Ich kann sie nicht rausschmeißen!“

Drinnen rührte sich nichts. Vorsichtshalber steckte ich den Kopf durch die Tür. Sie stand mitten im Zimmer auf einem Kissen splitternackt kopf und machte Freiübungen mit den Zehen.

„Zweiundsechzig, dreiundsechzig, vierundsechzig ...“, murmelte sie. „Stör mich nicht. Ich mach' meine Jogaübungen. Sag, ich wär' schon zu Bett gegangen.“

Trübe betrachtete ich ihre emsig spielenden Zehen. Ich war auch schon halb im Bett gewesen, aber was hatte es mir genützt? „Besser nicht. Die sind nicht aufzuhalten. Komm lieber gleich.“

„So wie ich bin?“

Ich erinnerte mich der grellen Dame. „Nur zu“, sagte ich. „Genier dich bloß nicht. Du kannst dich bestimmt sehen lassen. Freddy ist empfänglich für alles Schöne ... und in dieser Beziehung nicht sehr verwöhnt.“

Die Zehen erstarrten, dann klappte sie wie ein Taschenmesser zusammen und hockte sich auf die angezogenen Knie.

„Was ist los mit dir? Bist du verrückt?"

Ich grinste schwach. „I wo. Ich hab' nur mit einer Dame von Welt parliert. So was steckt an."

Eilends zog ich die Tür ins Schloß. Vorn rüttelte schon jemand energisch an der Klinke.

Ich hatte allenfalls mit einer kurzen Stippvisite gerechnet, einem nachbarlichen Anstandsbesuch, den sie aus Anstand beim ersten meinerseitigen Gähnen abbrechen würde, aber sie übersah sowohl meine Müdigkeitsanwandlungen als auch Julias unlustige Miene, nachdem Julia endlich zum Vorschein gekommen war, da auch ihr Fernbleiben die Seßhaftigkeit der Dame nicht zu erschüttern schien. Sie sah überhaupt nichts, sie plauderte nur, herzhaft und pausenlos, ein wahres Perpetuum mobile unbarmherzig betriebener, frisch-fröhlicher Geselligkeit, spendete uns ihre Ansichten über Land und Leute im allgemeinen, die Nachbarn im speziellen sowie die hiesigen Existenzbedingungen unter besonderer Berücksichtigung der einem kultivierten Menschen in so simpler Umwelt auferlegten Entbehrungen, während Julia ihren Mund nur zu höflich verquetschtem Gähnen auftat, Freddy Julia wohlgefällig betrachtete, als hielte er sie für einen vorzüglich gelungenen Gartenzwerg, und ich mich widerstrebend auf meine Hausherrnpflichten besann und in aller Eile zusammengekramte Behältnisse mit Ramazotti herumreichte: zwei in unserem Gepäck gefundene Zahnputzgläser, den abgeschraubten Deckel der Thermosflasche und ein gesprungenes Likörglas, das der Vorbesitzer großzügig in der Küche vergessen hatte. Das äußere Dekorum war somit notdürftig gewahrt.

Dabei fiel mir ein, daß Egidio uns bereits von der Dame Rupf erzählt hatte. „Molto energico", hatte er mit entsprechendem Mienenspiel gesagt. „Kleines Mann – marito – niischts 'at ssu lachen." Und dann hatte er Julias Anwesenheit wegen mit diskret gesenktem Blick, aber sichtlich fröhlichen Mundwinkeln berichtet, daß die Dame sich zur Beunruhigung der Bevölkerung mit Vorliebe splitternackt in ihrem Garten zu ergehen pflege, weshalb Don Silvio, der Gemeindepfarrer, ihr einen Besuch abgestattet habe – „natierliisch, als sie war verkleidet" –, um ihr die Leviten zu lesen. Sie, die Signora, habe darauf gesagt, der menschliche Körper, der weibliche vor allem, sei doch Gottes schönste Schöpfung. Warum man ihn dann nicht hüllenlos zeigen dürfe? „Und was hat der Parroco darauf erwidert?" erkundigte sich Julia interessiert. Egidio griente und zog die Schultern bis über die Ohren. „Niente ... niischts. Err 'at gemacht siisch schlönnigst aus Staub. Vielleicht err ssu 'eeflisch, um ihr ssu sagen, daß auch Scheepfung mit Jahre niischt scheenerr wird. Vielleicht auch ssu alt – settantasei ... sekunsiebssiisch, so daß err niischt mehr 'at gewuußt, wovon sie spriischt. Vielleicht auch err 'at ge'abt Besorgnis, daß sie siisch soffort auszieht, um ihm ssu sseigen ..." Immerhin hatte das Gespräch zur Folge gehabt, daß noch am gleichen Tage ein Strohgeflecht ausgespannt wurde, das die Sicht auf die Terrasse und einen Teil des Gartens verstellte, sehr zum Mißvergnügen Serafinos, der an Sonn- und Festtagen kleine Führungen sorglich ausgewählter und zur Verschwiegenheit verpflichteter Herrengrüppchen zu der Lücke in der Hecke veranstaltete, durch die man die füllige Eva in ihrem Privatparadies bewundern konnte.

Das also war sie ...

Sie sah mich im gleichen Augenblick an, in dem ich sie

ansah und rot wurde, weil ich fürchtete, sie könne in meinem Blick lesen, als was ich sie eben gesehen hatte. Aber sie war viel zu sehr mit sich und der großartigen Rolle beschäftigt, die sie bei den ihr offenbar samt und sonders herzlich befreundeten Nachbarn spielte, um mein Erglühen zu bemerken. Im übrigen war sie eben bei unserem Vorbesitzer angelangt.

„Ein reizender Mensch –", es klang bei ihr ungeheuer vornehm wie „roizend", „– aber ein bißchen seltsam. Stellen Sie sich vor, letzten Sommer hatte er eine Freundin hier ... ein Mannequin von Emilio Schubert ... zauberhaft. Freddy fand's auch. Nach zwei Wochen hat er sie rausgeschmissen, weil sie den ganzen Tag herumlag und Jazzplatten spielte."

„Was hat er gegen liegen?" fragte Julia überraschend. Sie sah müder denn je aus.

„Gegen liegen? Nichts! Nur gegen die Jazzplatten. Aber Geschmack hat er gehabt, das muß man sagen. Das Haus war zauberhaft eingerichtet. Ich hab' ihn ein bißchen dabei unterstützt."

Ihr Lächeln besagte deutlich, daß das „bißchen" nicht so ernst gemeint war, daß die Zauberhaftigkeit in Wirklichkeit allein auf das Konto ihres hochkultivierten Geschmacks und ihrer nimmermüden Bereitschaft ging, sich ihren Freunden zuliebe helfend zu zerschleißen, wann und wo es gefordert und selbst wenn es nicht gefordert wurde. Schon schweifte ihr Blick verdächtig durch unsere noch reichlich kahle Behausung, und ich sagte rasch, um ihr gleich vorbeugend klarzumachen, daß wir keinen Anspruch auf zerschleißende Freundschaft und Zauberhaftigkeit erhöben:

„Wir wollen es nur ganz einfach und ländlich haben."

Doch gerade mein Versuch, ihre Hilfsbereitschaft zu neutralisieren, schien sie erst richtig in Schwung zu bringen. Einfach und ländlich? Rustico sozusagen? Warum nicht? Ihr Haus sei auch im Schweizer Stil gebaut. Es passe in die Umgebung. Aber auch das lasse sich hübsch und effektvoll machen. Das kleine Sofa, zum Beispiel, auf dem sie sitze, sei süß, nur stehe es falsch. Was Freddy meine?

Freddy schrak aus seiner Betrachtung von Julias anmutigen Waden auf. Er war infolgedessen nicht auf dem laufenden, aber lange Ehejahre mußten ihn für Gefahrenzeichen hellhörig gemacht haben. Der plötzlich intensive Glanz ihres schwarz umränderten Blicks bestätigte ihm seine Befürchtung.

„Aber Lilli!" protestierte er hastig. „Doch nicht jetzt!" Er wandte sich mit leicht gequältem Lächeln an Julia, die sich auf ihrem Stuhl nur mühsam wach hielt.

„Meine Frau ist nämlich aufs Einrichten ganz versessen. Bei uns zu Hause läßt sie manchmal jede Woche umräumen. Den Salon ins Damenzimmer, das Damenzimmer in die Bibliothek, die Bibliothek ins Speisezimmer. Man kennt sich überhaupt nicht mehr aus. Neulich hab' ich ein paar Gäste versehentlich ins Schlafzimmer statt ins Herrenzimmer geführt."

„Haha!" ließ sich Julia aus ihrem Dämmerzustand vernehmen.

„Wenn sie's bei uns macht, geht's ja noch", fuhr Freddy fort. „Aber bei Fremden ..."

„Freunden, nicht Fremden", berichtigte Lilli. Sie war aufgestanden, starrte konzentriert auf das Kanapee und wandte ihre Aufmerksamkeit sodann der Kamingegend zu. „Und Freunden soll man mit Rat und Tat unter die Arme greifen ... Natürlich, das Sofa hier steht falsch. Vor dem Kamin muß es stehen. Dann ist es gemütlicher. Wenn ihr beide anfaßt, könnten wir's gleich mal ausprobieren."

Ich sah Freddy an, Freddy sah mich an, dann betrachteten wir gemeinsam das Kanapee. Ich hatte es erst vor ein paar Stunden mit dem Lastwagenfritzen hereintransportiert und später mit Julia dorthin gestellt, wir hatten uns beide auf seine biedermeierlich gestreifte Polsterung hingesetzt und durch das breite Fenster auf die Berge hinausgesehen, es war das erste köstliche Ruheplätzchen im ersten eigenen Haus gewesen, und ich fand, daß es dort, wo es stand, durchaus richtig stand. Ich sagte es, sagte es höflich, jedoch mit dem ganzen Restbestand an Energie, zu dem ich mich eben noch aufschwingen konnte, und fügte hinzu, wir hätten einen langen Tag hinter uns, und zum Umräumen sei es wohl auch ein wenig zu spät.

Sie erwiderte ebenso unumwunden, nur heiterer, für sie sei es nie zu spät, Freunden einen Dienst zu erweisen, und wenn ich morgen früh aus den Federn stiege und alles an Ort und Stelle fände, würde ich ihr auf den Knien danken. „Außerdem dauert's nur fünf Minuten, es sei denn, ihr Männer wollt ein schwaches Weib sich allein plagen lassen."

Sie ließ keinen Zweifel daran, daß sie diese Möglichkeit zwar ernstlich nicht in Erwägung ziehe, notfalls aber bereit sei, um der guten Sache willen auch dieses Opfer zu bringen. Wir rappelten uns ergeben auf.

Als wir das Sofa vor dem Kamin niedersetzten, entdeckten wir, daß die nun sichtbare unbezogene Rückseite der Lehne einen wenig erfreulichen Anblick bot. Es ging also nicht.

Lilli fand, wir brauchten nur den Tisch samt Stühlen quer davorzustellen. Der Tisch war ein stämmiges Möbel aus schwerem Holz, Eiche vermutlich, dem schieren Gewicht nach reines Blei, mit fünf Zentimeter starker Platte und dicken, gedrehten Beinen, die man zur Not auch zum Pflasterstampfen hätte benutzen können. Beim

Transport nachmittags hatte ihn mir der Lastwagenmann versehentlich auf die Zehen gestellt. Erst nach einer Stunde hatten sie wieder Lebenszeichen von sich gegeben.

Doch auch dieses Arrangement fand nicht Lillis Beifall. Sie meinte, bei so wenig Möbeln sei es unfunktionell, wenn fast alle an einer Stelle versammelt wären. Sie hatte es natürlich vorher gewußt, aber so was mußte man eben sehen. Vielleicht wäre es besser, den Tisch mehr in die Mitte zu schieben und das Sofa unters Fenster zu stellen.

Lilli stand wie ein Feldherr in der Mitte, Tatendrang schwitzend, platinblond, mit klickernden Ohrklunkern, enorm plastisch in Pullover und Hosen, und wies uns mit ihrer halbmeterlangen, glitzernden Zigarettenspitze die neuen Standorte an, und wir schoben, hoben und schleppten, und zwischendurch warf Freddy Verzweiflungsblicke zur Decke und lahme Entschuldigungsblicke zu mir und wischte sich mit einem zerknüllten Batisttuch über die Stirn, das zuvor als makellos gebügeltes Dreieck die Brusttasche seines Blazers geziert hatte.

Gegen zehn hatten wir ungefähr angefangen. Gegen elf waren die fünf Minuten noch immer nicht rum, und jedes Möbel im Zimmer hatte mehrfach seinen Platz gewechselt. Freddy hatte sich den Blazer ausgezogen und die Hemdsärmel aufgekrempelt, ich hatte mir zwei Splitter eingerissen und das Schienbein aufgeschlagen, auf den blankgewachsten Fliesen schien eine Horde Lausejungs Fußball gespielt zu haben, zwei mittelgroße Schrammen schmückten den Verputz der Wände, überall waren Häufchen Zigarettenasche verstreut, die Ramazottiflasche war leer, das ererbte Likörglas endgültig zersplittert und Julia im Laufe der Prozedur irgendwann unauffällig verschwunden.

Um halb zwölf tauchte sie unfreiwillig wieder auf, als Freddy und ich die Couch aus ihrem Zimmer heranschleppten, da Lilli auf die Idee gekommen war, auch das spärliche Möblement der anderen Zimmer in ihre Verschönerungsabsichten einzubeziehen. Sie schlief unter den Decken, die sie über sich aufgehäuft hatte, um unsern Krach nicht hören zu müssen, und nur an den bloßen Füßen, die unten heraussahen, merkten wir, daß sie wieder anwesend war. Während wir noch überrascht auf die Füße starrten, kam ihr verschlafenes Gesicht an einer gänzlich unerwarteten Stelle zum Vorschein.

„Was ist denn los?“ erkundigte sie sich verstört.

„Nichts“, sagte ich knieweich. „Wir sind noch immer beim Verschönern.“

„Weckt mich, wenn ihr fertig seid“, murmelte sie gähnend und verzog sich unter die Decke. Diesmal blieben nicht einmal die Füße zurück.

Um zwölf, nach wiederum mehrfachem Stellungswechsel, machte Lilli einen Anfall von Entmutigung durch. Die Verwirklichung schien immer um ein paar Schritte hinter ihrer vollkommenen Vision herzuhinken. Sie sank auf das Kanapee, das jetzt neben der Tür stand, und sah sich bekümmert im Zimmer um.

„Schon besser“, murmelte sie, „viel besser ... aber es fehlt zuviel!“

„Eben“, stimmte Freddy hoffnungsfroh zu. „Deshalb wär’s vielleicht am besten, jetzt Schluß zu machen. Müde sind wir auch.“

„Wieso müde?“ entrüstete sie sich. Wie konnten wir müde sein, wo sie sich doch allein geschunden hatte?

Ihr Blick fiel auf seine hochgekrempelten Ärmel, das durchgeschwitzte Hemd und die betrüblichen Flecken auf seinen weißen, längst nicht mehr so scharfgebügelten Hosen.

„Wie siehst du überhaupt aus? Zieh sofort das Jackett an ...“ Ein Fünkchen neubelebter Schaffenskraft glomm in ihren umschatteten Augen auf. „Und stell doch mal den Stuhl dort rüber. Er paßt nicht in die Ambiance.“

Freddy knirschte, vorsichtshalber unhörbar, mit den Porzellankronen, hob den Stuhl höher als nötig – und gleich darauf gab es einen dumpfen Knall, und das Licht erlosch. Die hauchfeinen Scherben der zerplatzten Glühbirne rieselten wie Schnee bei Nacht zu Boden.

Damit war Lillis Elan endgültig gebrochen. Die Nachttischbirnen paßten nicht in diese Fassung, andere hatten wir noch nicht, und daß irgendwo in einem der Koffer Kerzen sein mußten, behielt ich für mich. Nachdem sie noch ein Weilchen vergeblich versucht hatte, bei weit aufgerissenen Fenstern und spärlichem Mondschein ihr Vorstellungsbild einer zauberhaften Einrichtung wieder in den Blick zu kriegen, gab sie es auf und entschloß sich zum Aufbruch.

„Ein ganz roizender Abend“, sagte sie matt-begeistert. „Nein, nein, Sie brauchen mir nicht danke schön zu sagen. Und lassen Sie mich's wissen, wenn die neuen Möbel kommen. Freunde müssen einander helfen.“

Freddy schlingerte wie beim Anmarsch in ihrem Kielwasser hinter ihr her. Er hatte sich den Blazer wieder übergezogen und sah einigermaßen reputierlich aus.

„Reizender Abend“, sagte er grienend. „Und so erfrischend! Ich fühl' mich, als hätt' ich drei Stunden lang Möbel geschleppt.“

Hinterher suchte ich mir die Kerzen raus und räumte auf. Ich tat es leise, um Julia nicht zu stören. Sie schlief auf ihrer Couch, die wir quer vor die Küchentür gestellt hatten, weil die Tür nach Lillis Vorstellungen überflüssig war. Ihrer Meinung nach hatte dort eine Wand zu sein. Zur Küche konnten wir vom Klo oder vom Gastzimmer aus einen Durchbruch machen. Die praktische Seite interessierte sie nicht; ihr ging's ausschließlich ums Ästhetische.

Ich kehrte die Zigarettenasche weg, verschob die Möbel mit Ausnahme der Couch, bis sie wieder an ihren alten Plätzen standen, und schließlich wachste ich die Fliesen neu. Als ich mit allem durch war, sahen sie aus, als hätte sie nie eines Menschen Fuß betreten, und draußen war der Tag angebrochen. Dünne Nebelschwaden hingen zwischen den Bäumen, und weiter hinten sahen die Berge aus, als wischten sie sich den Schlaf aus den Augen.

Auf Zehenspitzen unterwegs zu meinem Zimmer, fiel mir die Wachsbüchse scheppernd runter, und Julia wachte auf. Sie blinzelte verschlafen in die Helligkeit und sagte erstaunt:

„Du bist schon auf? Denk bloß nicht, daß ich auch so früh aus den Federn krieche. Wir wollten's uns im eigenen Haus doch gemütlich machen, und Ferien haben wir schließlich auch."

Sie drehte sich um und zog sich die Decke über die Ohren.

4. Kapitel

Nach Sonnenuntergang Nachtgebühr

Der nächste Vormittag verlief friedlich. Wir frühstückten in der Sonne auf der oberen Terrasse und hatten alle Hände voll zu tun, einen Schwarm gut ausgeschlafener, tatendurstiger Wespen wegzuwedeln, die uns die Marmelade streitig machten. Später trat ich bei einem gemächlichen Rundgang über das Grundstück zufällig in das Loch, in dem sie ihr Domizil aufgeschlagen hatten, und nach einem galoppierenden Spurt den Hang und die Treppe hinauf zum Haus gelang es mir eben noch, die Tür hinter mir zuzuschmeißen, bevor das Gros mich erwischte. Mit zwei Stichen einiger sportlich besonders begabter Vortrupplerinnen war ich noch gut weggekommen.

In der Küche klapperte Julia mit dem von mir gleich morgens erworbenen Frühstücksgeschirr, und als sie die Tür zuknallen hörte, steckte sie den Kopf heraus und sagte milde verweisend:

„Man kann Türen auch anständig zumachen."

„Kann man", erwiderte ich und fügte dunkel hinzu: „Wenn man kann."

Sie musterte mich einen Augenblick mißtrauisch, als fragte sie sich, ob ich mir in der kurzen Zeit meiner Abwesenheit einen Sonnenstich hätte zuziehen können. Dann fuhr sie versöhnlich fort:

„Immerhin ist es hübsch, daß du zurückkommst, um mir beim Abtrocknen zu helfen."

In Anbetracht meiner nächtlich geleisteten Aufräumungsarbeiten hatte Julia großmütig das Küchenamt übernommen, und ich fühlte mich um den Lohn meines Fleißes gebracht. Andererseits lächelte sie so lieblich, daß ich nicht umhin konnte, nach dem Handtuch zu greifen.

Als wir fertig waren und die Ferienlust sich mangels anderer Pflichten ungehemmt ausbreiten konnte, beschloß Julia, ihre Vollbräune im Liegestuhl auf der Terrasse zu vertiefen, und ich spähte vorsichtig aus der Tür, um festzustellen, ob sich der Wespenschwarm etwa in einen Hinterhalt gelegt oder zumindest ein paar Vorposten zurückgelassen hätte, die im Hauptquartier melden sollten, sobald wir wieder draußen erschienen.

Julia wurde auf mein Treiben aufmerksam und erkundigte sich, was ich da täte. Wenn sie nicht wüßte, meinte sie, daß ich das Haus bezahlt hätte, müßte sie annehmen, der Gerichtsvollzieher stände vor der Tür, und ich hätte die Hosen voll und wollte mich nicht sehen lassen.

„Du hast gut reden", murrte ich. „Laß dich erst mal von Wespen stechen."

Sie kam in einem winzigen Nichts von Bikini heraus und nahm die beiden angeschwollenen roten Stiche auf meinem Arm in Augenschein. Ich hatte ein bißchen Mitgefühl erhofft, aber sie meinte nur:

„Sei nicht so zimperlich! Wespenstiche sind gar nichts. Als kleines Mädchen bin ich mal ... na, ich weiß nicht wie oft gestochen worden. Einmal sogar von einer Hummel. Es hat mir kein bißchen was ausgemacht."

Erst als ich ihr erzählte, daß ich unten am Hang ein Wespennest entdeckt hätte, fühlte sie sich persönlich betroffen. Das dauernde Gewedel während des Frühstücks hatte ihr mißfallen, und daß so nah am Haus gleich ein ganzes Wespenvolk residierte, bedrohte ihre Ruhe beim Sonnen.

„Wir müssen sie natürlich ausräuchern", sagte sie entschlossen. „Ich hab' mal zugesehen, wie Großvater so was gemacht hat. Mit einem langen Stock, an dem vorne ein benzingetränkter Lumpenknäuel befestigt war. Er zündete ihn an . . ."

„Wir haben weder einen Stock noch Lumpen noch Benzin", unterbrach ich sie lustlos. Ich hatte an diesem Morgen genug mit Wespen zu tun gehabt und fand, sie, die Wespen, und ich hätten ein bißchen Ruhe verdient.

„Wir werden schon was finden", sagte sie.

Nachdem wir unsern neuen Besen vorübergehend

zweckentfremdet und demontiert und aus dem Keller einen alten Kartoffelsack geholt hatten, hängte ich ein Stück dünnen Schlauchs in den Tank des Autos. Julia stand daneben und gab Ratschläge.

„Du mußt saugen ... tüchtig ... sonst kommt nichts raus. Wenn's läuft, hältst du schnell den Sack drunter. Sobald er feucht genug ist, kneifst du den Schlauch zu."

Beim erstenmal lief mir das Zeug gleich in den Mund. Wer gelegentlich Benzin trinkt, weiß, wie es schmeckt. Beim zweitenmal kam überhaupt nichts. Ich hatte vorsichtshalber schon vorher den Schlauch zugekniffen.

Beim drittenmal lief endlich ein dünner Strahl heraus und plätscherte auf meine Hose. Beim viertenmal klappte es immerhin.

Wir banden den Lumpen vorne an den Besenstiel und schlichen den Hang hinunter.

„Gib lieber die Streichhölzer mir“, flüsterte Julia. „Ich zünd's an. Wenn du mit deinen Hosen an offenes Feuer kommst, sind sie garantiert hin.“

„Die armen Hosen! Und ich?“

„Du auch.“ Die Möglichkeit schien sie weniger zu bekümmern.

Wir nahmen taktische Angriffspositionen ein: ich nah genug am Loch, daß ich mit ausgestrecktem Arm und dem Besenstiel gerade hinlangen konnte, Julia mit den Streichhölzern ein Stück hinter mir, um mir nicht im Wege zu sein. Eine Wespe krabbelte eben aus dem Loch, sah sich gemütlich um, stieg summend auf und zog im Sonnenschein ein paar Kreise, bevor sie im Zielflug davonschoß. Glück muß man haben, dachte ich.

„Mach schnell“, flüsterte ich über die Schulter. „Das Benzin stinkt fürchterlich. Wenn eine drunter ist, die so was schon mal durchgemacht hat, spricht sich's womöglich rum, und sie kommen mit gewetzten Stacheln vorher raus.“

Aus den Augenwinkeln sah ich, daß hinter mir eine Flamme hochschlug, schwenkte hastig den Besenstiel herum, aber der Sack mußte nicht richtig befestigt gewesen sein, denn er rutschte mitten in der Bewegung runter, und ich stocherte nur mit dem Stiel im Loch.

„Lauf!“ brüllte ich, ließ den Stock fallen, und wir sausten den Hang hinauf, ich zum zweitenmal an diesem Vormittag, aber diesmal schafften wir's nur bis zum Keller auf der unteren Terrasse. Als ich diesmal die Tür hinter mir zuschmiß, glaubte ich, den uns auf dem Fuße folgenden Schwarm mit den Köpfen gegen die Füllung bumsen zu hören.

Die Aufregung und die kaum überstandene Gefahr trieben Julia in meine Arme. Sie zitterte in ihrem Bikini ein bißchen, und ich fand es höchst angenehm, sie so anschmiegsam und männlichen Schutzes bedürftig an mich gedrückt zu fühlen.

„Na, es ist ja noch mal gut abgegangen", tröstete ich. „Aber du bist auch ganz flott gerannt."

„Mußte ich doch. Bei mir hätten sie mehr Platz zum Stechen gehabt als bei dir."

„Wenn schon! Wespenstiche sind doch gar nichts. Als kleiner Junge bin ich mal . . ."

Sie hob sich auf die Zehenspitzen, und ihre Lippen ließen mich nicht weiterreden.

„Daß Männer immer so rechthaberisch sind", seufzte sie nach einer Weile. „Aber nett sind sie manchmal doch. Auch wenn sie nach Vergaser schmecken, wenn man sie küßt."

Es waren die erfreulichsten Minuten, die ich im neuen Haus bisher erlebt hatte: auf einem Stapel Holzscheite sitzend, umgeben von einem Kokshaufen, halbvollen Tüten und Dosen mit Farbe, verstaubten, leeren Chiantiflaschen, einer Stacheldrahtrolle, zerknülltem Packpapier und ähnlichem Krempel. In unserem Keller in München sah's auch nicht viel anders aus, nur daß wir uns da nie reingesetzt hätten, im Bikini schon gar nicht.

Über uns in der Ecke hockte eine Spinne in ihrem Netz. Julia, die mit Spinnen ungern näheren Umgang pflegt – sie beleidigen ihr ästhetisches Gefühl, und sie schuddert schon bei der bloßen Vorstellung, daß eine auf ihr herumspazieren könnte, weshalb ich jede, die unvorsichtig genug ist, sich vorm Schlafengehen in ihrem Zimmer blicken zu lassen, auch bei Regen mit Hilfe einer zur

Tüte gerollten Zeitung an die Luft setzen muß –, schien sie diesmal in die Harmonie des Augenblicks einzubeziehen.

„Ob sie auch glücklich verheiratet ist?" fragte sie verträumt.

Ich starrte nach oben. Spinnen sieht man weder ihren Seelenzustand noch ihre ehelichen oder außerehelichen Verhältnisse an.

„Keine Ahnung. Es kommt wohl drauf an, was man darunter versteht. Sie sieht mir so aus, als hätte sie ihren Eheherrn gerade verspeist, und wenn das ihre Auffassung von ehelicher Erfüllung ist ..."

Julia kicherte leise.

„Armer", flüsterte sie. „Kommt's dir nicht manchmal auch so vor, als verspeiste ich dich?"

„Na und ob", grinste ich. „Mit Stumpf und Stiel. Aber mir gefällt's, jedenfalls fast immer. Der Himmel erhalte dir deinen Appetit."

Eine ganze Weile sagten wir nichts – es war viel zu angenehm, einfach so beieinanderzusitzen –, dann schnupperte Julia in der Luft.

„Sag mal, riecht's hier nicht sengerig?"

Mir war's schon die ganze Zeit so gewesen, aber ich hatte nicht darauf geachtet, um unsere Zweisamkeit nicht zu stören.

Ich zog sie fester in meine Arme. „Riech nicht hin. Vielleicht brennt's beim Nachbarn."

„Vielleicht auch nicht." Sie war nicht zu halten.

Vom Fenster aus sahen wir, daß vom Hang weiter unten bläulichgraues Rauchgekräusel aufstieg. Der Benzinlumpen – wir entdeckten es gleich darauf vom Rand der Terrasse – hatte das trockene Gras in Brand gesetzt und das Gras wiederum den Besenstiel, den ich bei unserem eiligen Aufbruch hatte fallen lassen. Jetzt schwelte das

Gras nur noch, aber der Stiel war hin. Das Wespenloch war uns dafür erhalten geblieben.

Julia sah nachdenklich auf den Brandfleck.

„Weißt du", sagte sie plötzlich, „ohne Besen komm' ich nicht aus. Am besten, wir gehen sofort nach Lucera rüber und kaufen außer einem neuen Stiel auch gleich Gartengeräte."

„Gehen?" Abgesehen von nächtlichen Wärmeausgleichsbemühungen, die sie wenigstens allein betrafen, huldigte Julia auch der diktatorisch vertretenen Ansicht, daß es der Gesundheit zuträglich sei, während der Ferien möglichst alle Wege zu Fuß zu erledigen. Ich hatte im Prinzip nichts dagegen – man sparte Benzin –, aber Lucera lag mindestens sechs staubige Kilometer entfernt, und sechs und sechs waren nach Adam Riese zwölf, die Kilometer in Lucera selbst gar nicht gerechnet.

Sie überhörte wie gewöhnlich meinen Einwurf und blieb bei ihren Gartengeräten.

„Ich hab' mir schon überlegt, was wir machen werden. Da drüben –", sie wies zur anderen Seite des Hauses hinüber, „– muß Rasen hin ... mit einem Steinplattenweg ... und vorm Haus oben auch. Und mindestens vier Rosenstöcke, rankende, möcht' ich an der Mauer zur Straße haben ... und Glyzinien an der Garage wie hier an den Pfeilern ... und über dem Hang bei der Einfahrt eine Buchsbaumhecke ..."

Sie kam beängstigend in Schwung.

„... und unterhalb der Garage neben der Treppe Hortensien ... die brauchen überhaupt keine Pflege. Und irgendwo muß eine Steinbank stehen ... und ein Tisch, wo wir gemütlich Tee trinken können ... und eine Steintreppe zwischen blühenden Sträuchern den Hang da runter und unten ein verstecktes Plätzchen, wo ich mich der Leute wegen beim Sonnen nicht bis zum Hals zuknöpfen muß ..."

Ich war bedient. „Und kein künstliches Gröttchen, kein Springbrunnen, keine Gartenzwerge? Schade, Freddy würde sich heimisch fühlen."

Ich sah es vor mir, alles, was sie sich ausgedacht hatte – und es gefiel mir, gefiel mir viel besser als der kahle, da und dort mit Ginster, wilden Pflaumen und Rubinien bestandene Grashang, für dessen gärtnerische Gestaltung unser Vorbesitzer sichtlich erheblich weniger Zeit aufgewandt hatte als für das musikalische römische Mannequin. Was mir bedeutend weniger gefiel, war, daß niemand anders als ich das alles würde umgraben, hacken, schleppen, jäten, säen und pflanzen müssen, ich allein. Julia würde blütenfrisch danebenstehen, würde Anweisungen geben, Pläne entwickeln, vom Hundertsten ins Tausendste kommen und allenfalls mit den rosig lackierten Zehen zerstreut einen Stein aus der Erde stochern und hinterher aufs Nachbargrundstück schmeißen, mehr nicht. Und Jakob kam als Helfer nicht in Frage, weil unsere Beziehungen infolge mangelnder Begeisterung unsererseits über seinen Vorschlag, statt des Wagens einen Haufen Kakteen in die Garage zu stellen, gelitten hatten.

„Hör mal", sagte ich, „mir war so, als ob wir uns hier hätten ausruhen wollen. Schwerarbeit kann ich auch zu Hause haben."

„Es ist aber gut für deinen Blutdruck", bemerkte sie schlicht.

„Wieso für meinen Blutdruck? Ich hab' nicht mal gewußt, daß ich einen habe."

„Eben deshalb. Du bist lange nicht beim Arzt gewesen. Und außerdem – bist du in deinem eigenen Haus nicht zu Hause?"

Julia hatte eine verteufelte Art, mich rumzukriegen.

Wie sie es anstellte, merkte ich immer erst hinterher. Ein paar harmlose, listig gewendete Wörtchen, ein Augenaufschlag wie Samt, ein winziges Glitzerlächeln, schon war ich geliefert. Sie würde es mühelos fertigbringen, einem zur Folter Verurteilten einzureden, er hätte die Folterinstrumente für seine Tortur selber zu kaufen und in gutgeschmiertem, gebrauchsfertigem Zustand mitzubringen.

„Na, schön", sagte ich ergeben, „gehen wir also – das heißt –", ich reicherte meinen Blick mit Entschlossenheit an, „– gehen kommt natürlich nicht in die Tüte. Wir fahren. Wenn ich mich schon aus Gesundheitsgründen umbringen soll, will ich's wenigstens bequem dabei haben."

Drei Stunden später waren wir mit einer Ladung Werkzeug zurück, die während der Fahrt im Kofferraum klapperte, als sammelten wir Lumpen und Alteisen. Wir hatten im schattigen Hof einer Kneipe in Lucera zu Mittag gegessen, und ich fühlte mich zu einem erholsamen Schläfchen aufgelegt, aber Julia meinte, da wir das Werkzeug nun einmal hätten, sollten wir den schönen Nachmittag nutzen und schon etwas tun. Sie hatte ein Säckchen Grassamen gekauft, der sich später als Klee entpuppte, und nachdem uns in der Gärtnerei erklärt worden war, zum Pflanzen von Rosen sei es nicht die richtige Zeit, hatten wir wenigstens ein paar Steinplatten verladen, um sie, locker aneinandergereiht, als Fußpfad in die geplante Rasenfläche zu legen.

Ich muß gestehen, zuerst war ich nicht übermäßig begeistert, aber als ich dann auf den fünf mal vier Quadratmetern stand, die in Julias Phantasie schon als üppige

Wiese existierten – jetzt war es nur festgetretener, steiniger, von trockenen Regenrinnsalen durchfurchter Boden –, fühlte ich mich unversehens von Pioniergeist ergriffen. Pioniergeist war etwas Neues für mich – die Blumenkästen auf unserem Balkon zu Hause hatten ihm wohl noch keine rechte Gelegenheit zur Entfaltung geboten –, und ich erlag seiner Verführung in solchem Maße, daß ich spornstreichs nach oben zur Garage lief, vor der ich den Wagen hatte stehenlassen, um Werkzeug zu holen. Doch während ich noch im Kofferraum kramte, tauchten über mir, über der Mauer zur Straße, der mit Pomade angeklatschte Scheitel, das feixende Gesicht und der speckige Gummikragen Serafinos, des Telegrammboten, auf. Es war der einzige Gummikragen weit und breit, und Serafino, dem zu seinem Leidwesen keine Postmütze zustand, die ihn als behördliche Person gekennzeichnet hätte, trug ihn mitsamt dem durch keinen Schlips verdeckten blechernen Kragenknopf selbst bei glühender Sonnenhitze als Hinweis auf seine halboffizielle Würde, gleichsam als Uniformersatz.

Ich war ihm schon wer weiß wie oft auf seinen täglichen Wegen begegnet, hatte eine Menge über ihn gehört und wußte infolgedessen, daß er seinen Beruf auf eine reichlich willkürliche, eigene Weise ausübte. Telegramme, die er in diesen zwischen Hügeln verstreuten Landgemeinden um Agliano austrug, betrafen so gut wie ausschließlich familiäre Angelegenheiten wie Todesfälle, bevorstehende Kindstaufen, Erbschaften und dergleichen. Da er sich zwischen seinen Gängen auch im Post-Ufficio betätigte, war er über ihren Inhalt meist auf dem laufenden und fand es angemessener, die Empfänger mündlich ins Bild zu setzen, statt sie mit der traurigen oder frohen Kunde in nacktem, kargem Telegrammstil zu konfrontieren.

Besonders bei Trauerbotschaften ließ er es sich angelegen sein, taktvoll auf den bevorstehenden Schrecken vorzubereiten. Nach weitschweifigen Umwegen über die gesundheitlichen Verhältnisse des Adressaten und dessen näherer Verwandtschaft fragte er zum Beispiel so harmlos wie möglich:

„Wie geht's denn eurer Tante Giuseppina?"

Da sein Verfahren sich herumgesprochen hatte, sein Gesicht nicht nach Erbschaft aussah und von Tantchen Giuseppina auf Grund ihrer langjährigen Witwenschaft und ihres vorgerückten Alters auch kein Baby mehr zu erwarten stand, war jeder im Bilde, was die Glocke geschlagen hatte, aber zartfühlend genug, ihm sein frommes Umgehungsmanöver nicht zu verderben.

Jemand erwiderte also: „Wie's eben mit einem kranken Herzen so geht."

„So, so", bemerkte Serafino mitfühlend, „herzkrank

ist sie. Das ist schlimm, wenn's einen erst richtig packt. Ich kannte mal einen ..."

Jedermann wußte, daß er für jede Gelegenheit „einen kannte" und daß sich solche Geschichten ins Uferlose verlieren konnten. Um die Entwicklung voranzutreiben, warf deshalb der Geistesgegenwärtigste ein: „Mit dem Magen und der Leber steht's auch nicht zum besten."

Serafino nickte kundig. „Leber? Da hat sie wohl zu tief ins Gläschen geguckt? ... Und der Magen auch? Herrje, da bleibt nicht viel zum Vergnügen übrig! Wie alt ist denn die Arme?"

„Siebenundachtzig."

Trotz seiner Leichenbittermiene sah man ihm die Erleichterung an, so schnell einen dezenten Übergang erwischt zu haben.

„Siebenundachtzig? Madonna, da hat sie das Ihrige hinter sich! Da ist der Seligen die Erlösung wirklich zu gönnen!" Er präsentierte das Telegramm. „Herzlichstes Beileid ..." Und diskret murmelnd zum Familienvorstand: „Wegen der zweihundert Lire für die Zustellung komm' ich morgen vorbei, falls ihr sie nicht gerade bei der Hand habt."

Das gleiche Zartgefühl bewies er auch in der Frage des Trinkgelds, das ihm seiner Meinung nach als eine Art Anerkennungsgebühr für individuelle Behandlung über die offizielle Zustellungstaxe hinaus gebührte. Die Taxe bekam er sowieso, sie stand ihm zu. Er konnte sie sich ausrechnen, sobald er erfuhr, wie viele Telegramme oder sonstige Eilsendungen er an diesem Tage auszutragen hatte. Er konnte sich sogar zusammenzählen, wie viele Gläschen er mit ihr in den verschiedenen Kneipen, an denen ihn sein Weg vorbeiführte, würde finanzieren können. Es war beruhigend, Genaueres in dieser Hinsicht zu wissen, um seinen Durst darauf einstellen zu können, aber das zusätzlich Unberechenbare, das sich in der schwankenden Summe des Trinkgelds ausdrückte, war doch eigentlich erst das Salz in der Suppe. Von dieser Summe hing es ab, ob er abends nur halb dem Alltag entrückt, reizbar, mit sich und der Welt zerfallen oder in einem dröhnenden, fröhlichen Vollrausch in seine Behausung gleich neben dem Ufficio zurückkehren würde, wo ihn statt Weib und Kind nur eine schnurrbärtige, runzlige Wirtin erwartete, um ihm die Schuhe von den Füßen zu ziehen, falls er es nicht vorzog, ohne Umschweife gestiefelt ins Bett zu sinken.

Die meisten wußten, worauf er aus war, und sträubten sich nicht lange. Hartgesottenere Gemüter machte er diskret auf seine Wünsche aufmerksam, indem er ihnen so lange gesprächig im Wege herumstand, bis sie ihm eine Kleinigkeit gaben, nur um ihn überhaupt loszuwerden. Andererseits gab es Leute, die wirklich keine überflüssige Lira besaßen. Bei diesen hielt er sich gewöhnlich noch länger auf, um ihnen über die Beschämung, kein Trinkgeld spendieren zu können, hinwegzuhelfen und kein Gefühl sozialer Minderwertigkeit aufkommen zu lassen. Beklagenswerterweise hatte nicht jeder Geld, aber jeder hatte Anspruch auf sein Verständnis und anständige Bedienung. Daß es bei solchen Aufenthalten häufig zu Verzögerungen in der Zustellung kam, war die Schattenseite von Serafinos Verfahren, aber da die Mehrzahl seiner Kundschaft der Ansicht anhing, schlechte Nachrichten erfahre man auch verspätet früh genug und gute würden durch einen kleinen Aufschub nicht schlechter, hatten sich bisher nie ernstliche Proteste geregt.

Serafino lehnte jetzt also mit Pomadenscheitel und Gummikragen über der Mauer und schwenkte munter etwas in der Hand – einen Eilbrief, wie ich entdeckte, bevor ich ihn achtlos in die Tasche steckte und mit einem Armvoll Gartengerät die Treppe hinunterstolperte. Briefe, auch eilige, konnten warten. Ich hatte Wichtigeres zu tun.

Er rief mir irgend etwas nach, was ich nicht verstand, erstens, weil sein Italienisch von einer besonders unverständlichen Sorte war, und zweitens, weil ich alle Hände voll zu tun hatte, das Werkzeug zusammenzuhalten, das mir nach allen Seiten wegrutschen wollte. Und schließlich hatte ich ihn nach den ersten fünf Spatenstichen in die jungfräulich-brache Erde völlig vergessen – ihn und die ganze Umwelt dazu. Ich hatte mir das Hemd über den Kopf gezogen und kam mir vor wie einer jener wackeren Pioniere, die, die Donnerbüchse griffbereit an den nächsten Baumstamm gelehnt, auf irgendeinem finsteren Kontinent Neuland rodeten, um den Segen der Zivilisation in die Wildnis zu tragen. Es fiel mir nicht einmal auf, daß Julia wie erwartet nur während der ersten fünf Minuten ein paar von den ausgebuddelten Steinen aufsammelte und in einer Ecke auf einen Haufen warf und sich dann unauffällig den Hang hinunter verkrümelte, vermutlich, um sich nach einem für ihre Zwekke geeigneten Sonnenplätzchen umzusehen. Mit ihrem Bikini störte sie mir ohnehin die historische Glaubwürdigkeit des Pionierbilds.

Nach weiteren zwei Stunden hatte ich mehr Blasen an den Händen als Finger, Sonnenbrand auf dem Rücken, die fünf mal vier Meter waren umgegraben und harrten des Samens, und Julia tauchte plötzlich wieder neben mir auf und erkundigte sich beunruhigt, ob in Italien jedermann das Recht zustehe, auf anderer Leute Grundstücken zu schlafen. Auf der Bank vor der Garage liege nämlich jemand und schnarche. Ich müsse mich zumindest erkundigen, was er da suche – was konnte er schon suchen, wenn er schlief? Seufzend unterbrach ich meine zivilisatorische Tätigkeit und begab mich nach oben, um den Schnarcher in Augenschein zu nehmen.

Ich hatte mit keinem Gedanken mehr an Serafino gedacht, aber er war es, so gemütlich, wie es die karge Steinbank erlaubte, im Schatten der Garage hingegossen, von einem Wölkchen Schnapsdunst umschwebt, mit aufgerissenem Mund, in dem eine stattliche Anzahl von Stahlplomben glänzte, die kurzen, stämmigen Beine von sich gestreckt, ein Bild tiefsten Friedens, das nicht einmal durch die gelblichen Telegrammformulare beeinträchtigt wurde, die aus seiner Jackentasche lugten und aufs Austragen warteten.

Er setzte sich auf, als ich ihn weckte, blinzelte, gähnte genußvoll und hielt mir die Hand hin.

„Ich kriege noch zweihundertsechzig Lire für die Zustellung, Signore."

Schuldbewußt fuhr ich in die Hosentasche und zählte ihm drei Hunderter in die Hand – vierzig zum Ausgleich für die verlorene Zeit.

„Hoffentlich haben Sie keinen Nachteil durchs lange Warten?" fragte ich mit einem besorgten Blick auf die Telegramme.

Er spähte zum Horizont jenseits des Sees, wo die Sonne schon dicht über den Bergrücken schwebte. Sein Grienen zog die Mundwinkel fast bis zu den abstehenden Ohren.

„Keine Sorge, Signore. Nach Sonnenuntergang kann ich fünfzig Lire Nachtgebühr nehmen. Meine Empfehlung an die Signora!" Seine Äuglein glänzten begeistert auf. „Mhm! La bella Signora!"

Er warf einen schmatzenden Handkuß in Richtung des Hauses, dann schritt er erfrischt, doch keineswegs hurtig davon.

Julia, die sich des offenherzigen Bikinis wegen außer Sichtweite gehalten hatte, fand die Geschichte mit der Nachtgebühr so komisch, daß sie vergaß zu fragen, was er eigentlich bei uns gewollt hatte. Unbeschwert machte ich mich also ans Aussäen, nachdem sie mir noch eingeschärft hatte, die Samen schön gleichmäßig zu verteilen. Nichts sähe scheußlicher aus als eine Rasenfläche, in der überall häßliche Löcher wären, als seien die Motten drin gewesen.

Ich hatte keinen Schimmer, wie man es machte, aber in meiner Erinnerung tauchte rechtzeitig ein üppig goldgerahmter Öldruck auf, der einst die Wand über dem durch zahlreiche Nachmittagsnickerchen eingebeulten Preßsamtsofa im Studierzimmer meines Onkels Peppi geziert hatte. Ein Mann in bäuerlicher Kleidung war auf ihm abgebildet gewesen, der in derben Stiefeln rüstig über ein frisch gepflügtes, fettig-braunes Feld schritt und aus einem um seine Hüften gegürteten prallen Beutel mit weiter Bewegung Körner in die Furchen streute, während im Hintergrund eine kreisrunde, bläßliche Sonne ihre letzten müden Strahlen über die nur aus Acker bestehende Gegend ergoß. „Abendsegen" hatte auf einem am Rahmen befestigten Messingschildchen daruntergestanden. Onkel Peppi, der eigentlich Joseph geheißen hatte und Konsistorialrat gewesen war, weshalb er auf Peppi nur stirnrunzelnd reagierte, hatte das Gemälde weniger wegen seines landwirtschaftlichen Charakters als seines erhebenden symbolischen Gehalts geschätzt.

Mir hingegen kam es mehr auf das praktische Vorbild an. Ich streute also genau nach Vorbild, aber das Ergebnis enttäuschte mich. Zuerst flogen die Körnchen gegen die Mauer oder auf den abfallenden Hang zur Linken oder den ansteigenden rechts, wo ohnehin Gras in genügender Menge wuchs, und als ich's, den örtlichen Umständen besser angepaßt, mit gebremstem Streuschwung probierte, dachten sie auch nicht daran, sich gleichmäßig zu verteilen, sondern versammelten sich in gelben Streifen zu einer Art Zebrafellmuster. Es war nicht auszudenken, wie es aussehen würde, wenn das Gras erst sproß.

Eine Weile versuchte ich sie in Feinarbeit mit den Fingern zu zerstreuen und einzeln dicht nebeneinander in die Erde zu bohren, fand aber das Verfahren allenfalls für die beschränkteren Verhältnisse eines Blumenkastens geeignet und beschritt kühn neue agronomische Wege, indem ich auf die zwei Meter hohe Mauer zum Nachbargrundstück kletterte und versuchsweise eine Handvoll Samen hochwarf. Ich hoffte, die größere Fallhöhe und die leichte Luftbewegung würden schon für gerechte Verteilung sorgen. Leider war die Luftbewegung weniger leicht, als ich dachte, und verlief dazu noch in der falschen Richtung, denn für einen Moment stand ich wie in einem Miniaturhagelschauer, und dann verteilten sich die Samen hinter mir über die Wiese des Nachbarn.

So ging's also auch nicht. Dem Öldruckkünstler schien es an Berührung mit der Praxis gefehlt zu haben, oder er hatte es von Anfang an doch mehr auf Symbolik abgesehen. Um das Problem eingehend zu durchdenken, hockte ich mich vorsichtig auf die Mauerkrone und wurde alsbald von Julias Stimme aufgescheucht. Julia stand auf der Ecke der oberen Terrasse und sah mißbilligend zu mir herunter.

„Sei nicht so faul", sagte sie. „Wenn ich schon ausnahmsweise für dich das Abendbrot mache, kannst du wenigstens was dafür tun."

So unrecht hatte sie nicht mal, denn das eingehende Durchdenken war, um ganz ehrlich zu sein, mindestens

zur Hälfte ein Vorwand gewesen, um mir die unbequeme Notwendigkeit des Handelns für ein Weilchen vom Halse zu schaffen. Mein Rücken brannte und juckte, von der Hochstimmung des Pionierenthusiasmus war nur noch die Niederung beginnenden Muskelkaters geblieben, außerdem war das Säckchen mit den Samen kaum mehr halb voll. Auf einen weiteren Mißerfolg konnte ich's nicht ankommen lassen, wenn ich mich nicht schandbar blamieren wollte.

Kleinlaut stieß ich mich von der Mauerkrone ab, sprang hinunter und verlor dabei das Säckchen, das schon im Fallen seinen Inhalt in die Runde verstreute. Das Resultat war in puncto Gleichmäßigkeit nicht einmal so übel, wenn man außer acht ließ, daß es sich auf allenfalls vier Quadratmeter beschränkte, während die restlichen sechzehn unversorgt blieben.

Verstohlen sah ich nach oben, aber Julia war zum Glück schon verschwunden, und ich griff kurz entschlossen zur Harke, um den Überfluß der Wenigen auf die darbenden Vielen zu verteilen. Die inzwischen hereingebrochene Dämmerung entzog mir das Ergebnis meiner Bemühung, aber ich tröstete mich damit, daß mein Versagen frühestens in ein paar Tagen oder Wochen – wie schnell wuchs eigentlich Gras? – ans Licht kommen würde, und bis dahin konnte ich noch mit ein paar Pfund oder Kilo oder notfalls Zentnern Grassamen nachhelfen. Beruhigt stieg ich zum Haus hinauf.

Julia wirtschaftete in der Küche – allerlei vielversprechendes Geräusch aus dem offenen Küchenfenster verriet es –, und als ich die Haustür aufstieß, fiel mein Blick auf einen erfreulich bestellten Tisch, und meine Nase erschnupperte liebliche Düfte. Es roch nach Spaghetti und Salsa und, wenn mich nicht alles täuschte, auch nach mit Zwiebeln gedünsteter Leber.

Ich schrubbte mir rasch die Finger, und als ich mich danach durch einen Blick in die Küche der Wahrnehmungen meiner Nase vergewisserte, erkundigte sich Julia vom Herd aus:

„Sag mal ... vorhin hab' ich ganz vergessen, danach zu fragen ... was hat der Kerl – wie heißt er noch? Serafino? – eigentlich heute nachmittag gewollt?"

„Was soll er schon gewollt haben?" erwiderte ich unvorsichtig, während ich, anderweitig interessiert, den Deckel von der Pfanne hob, um einen Blick darunter zu werfen. „Einen Brief abgeben, natürlich."

„Laß das", sagte Julia. „Steck nicht überall deine Nase rein. Einen Brief? Was für einen Brief? Von wem? Wo ist er?"

Ein Brief wirkt auf Julia immer wie ein kräftiges Aufpulverungsmittel. Von wem er kam, war ihr egal. Allein die Tatsache, daß jemand in der Ferne an sie gedacht und sich hingesetzt hatte, um sich ihr mitzuteilen, rührte sie so, daß sie auch die unleserlichste Handschrift vom ersten bis zum letzten Wort durchstudierte und sogar für Dinge Interesse aufbrachte, die sie für gewöhnlich völlig kalt ließen. Aus der Entfernung schien eben alles, selbst der erste Zahn des ersten Babys ihres älteren Bruders und der häufig mit wechselnden Objekten wiederkehrende Liebeskummer ihrer besten Freundin, irgendwie verklärt und bedeutungsvoller. Ein einziger Schatten fiel auf dieses Vergnügen: daß jeder Brief die Verpflichtung in sich barg, ihn zu beantworten. Julia unterzog sich dieser Verpflichtung tapfer, indem sie sich zuvor eine Tasse starken Kaffees braute, ein Päckchen Zigaretten neben das Briefpapier legte und auf dieses das jeweilige Datum und darunter „Lieber Harry ..." oder „Mein liebstes Zuckerbommelchen ..." schrieb. Damit war der erste Mitteilungselan versandet, und mit gekräuselter Stirn versank sie in einen Zustand intensiver, aber tatenloser Meditation, der ab und zu durch einen Zug aus der Zigarette und einen Schluck aus der Tasse unterbrochen wurde, bis irgendein erlösendes Ereignis eintrat, das ihre Gegenwart an einem anderen Ort mehr oder weniger dringlich (meist weniger) notwendig machte. Die Briefanfänge wanderten zu einer wohlassortierten Sammlung ähnlicher in die Schublade und wurden nur in den seltensten Fällen wieder zutage gefördert. Vielleicht bestand ein Teil der stimulierenden Wirkung jedes eintreffenden Briefs in ihrer Verblüffung darüber, daß ihr bei ihrer Schreibfaulheit überhaupt noch jemand schrieb.

„Gib schon her. Wo ist er?"

Ihr Temperamentsausbruch brachte mir doppelt peinlich zum Bewußtsein, daß ich erstens keinen Schimmer hatte, wo sich das Epistel befand, und zweitens schlecht beraten gewesen war, ihr überhaupt etwas davon mitzuteilen.

Mein Hunger wuchs im gleichen Maße, wie die vom Herd herüberwehenden Düfte mir den Mund wäßrig machten, und die Lektüre konnte die normale Entwicklung der Dinge nur ärgerlich aufschieben. Dabei wurde Leber so leicht hart.

„Hör mal", sagte ich beschwichtigend, „können wir damit nicht noch ein bißchen warten? Bis nach dem Essen? Der Brief liegt ja ohnehin schon seit Stunden rum."

Sie sah mich an, als sei ich jemand Fremdes, der ihr einen unsittlichen Antrag gemacht habe.

„Und das hältst du für einen Grund, ihn noch länger liegenzulassen? Wenn's nun was Eiliges ist?"

Siedend heiß fiel mir ein, daß es tatsächlich „was Eiliges" gewesen war. Ich warf einen verzichtenden Blick auf die Pfanne und gab nach.

„Schön, ich such' ihn", sagte ich. „Wahrscheinlich liegt er auf der Bank oder auf dem Auto oder . . ."

„Sieh lieber erst in deiner Hosentasche nach."

Ich kann mir die Schilderung weiterer hochnotpeinlicher Einzelheiten ersparen: ihres vernichtenden Blicks zum Beispiel, als ich den zerknitterten Umschlag wahrhaftig aus der Hosentasche zog, des Kopfschüttelns mit streng zusammengekniffenen Gouvernantenlippen, das

mich im Nu in einen rotznasigen Vorschüler zurückverwandelte, dessen Verstandeskräfte allenfalls zum Milchholen reichten, der stumm-abweisenden Haltung ihres Rückens, während sie im Schein der Tischlampe den Brief überflog. Die weiblichen Techniken, jemand, der unvorsichtig genug ist, sich ins Unrecht zu setzen, noch tiefer in den Abgrund der Schuld zu stürzen, sind hinlänglich bekannt. Berichtenswert war nur der Inhalt des Briefs, den Julia mir nach beendigter Lektüre zuschob, wie man einem lästigen Bettler ein Trinkgeld gibt.

„Lies", sagte sie, „falls deine geistigen Fähigkeiten dazu ausreichen. Dann hol den Wagen aus der Garage. Ich zieh' mich unterdessen um."

Der Brief kam aus Zürich und stammte von Julias jüngerer Schwester Susi, die dort Ballett-Elevin war. Sie schrieb, sie habe mit Freuden von unserem Hauskauf vernommen, und da sie gerade vier probenfreie Tage habe und wir beinah Nachbarn seien, gedenke sie, uns heimzusuchen. Sie sei noch nie in Italien gewesen und brenne darauf, mal einen richtigen Casanova kennenzulernen. Zürich habe in dieser Beziehung nicht viel zu bieten. Am Schluß war Ankunftstag und -zeit angehängt: Freitag 21.37 in Castelmassa. Freitag war heute, meine Uhr zeigte 21.17, und Castelmassa war auf kürzestem Wege fünfundzwanzig Kilometer entfernt, und dieser kürzeste Weg war der miserabelste in der ganzen Umgebung.

Ich trat hinaus, ohne noch einmal in Richtung Küche zu schnuppern, und während ich den Wagen rückwärts durchs Gatter auf die schmale Schotterstraße fuhr, ausnahmsweise ohne den Lack an einem der Pfosten zu lädieren oder hinterwärts die Böschung auf der anderen Seite zu rammen, zürnte ich fruchtlos dem Schicksal, das Julia mit einer Schwester ausgestattet und Serafino veranlaßt hatte, den Brief dem Poststempel zufolge mindestens einen Tag lang mit sich herumzuschleppen. Mit lächerlichen drei Stunden Verspätung trug ich den kleinsten Teil der Schuld, aber als Letzter in der verhängnisvollen Verkettung war ich um meine gedünstete Leber gekommen. Das kam davon, wenn man ein Doppelzimmer mieten wollte und sich statt dessen ein ganzes Haus aufschwatzen ließ.

Mit knurrendem Magen starrte ich auf das erleuchtete Küchenfenster, bis das Licht erlosch. Friedlich lag das Haus – mein Haus – unter dem sternenglitzernden Himmel. Nur mir wurde nichts von seinem Frieden zuteil.

5. Kapitel

Sind Raffael und Michelangelo Wermutmarken?

Es gibt alle möglichen Arten von Schrecks – angenehme, weniger angenehme und ganz und gar unangenehme.

Der, der an diesem Abend noch meiner harrte, war entschieden von der letzteren Sorte.

Wir kamen natürlich viel zu spät nach Castelmassa. Der Bahnhof sah schon wie außer Dienst gestellt aus, nur daß jemand ein paar Lampen auszuknipsen vergessen hatte. Der Zeitungsstand war längst geschlossen, hinter dem Fensterchen des Fahrkartenschalters döste ein hinterbliebener Beamter über einer leeren Kaffeetasse und einem vollen Marmeladendosendeckel, der ihm als Aschenbecher diente, und auf dem schmalen Brett vor dem dunklen, vergitterten Gepäckschalter schlummerte aneinandergedrängt wie Hühner auf der Stange ein Grüppchen junger Mädchen in engen Hosen und hellen Blusen, von einem kleinen Wall buntkarierter Reisetaschen umgeben.

Das Grüppchen geriet bei unserem Anblick in Bewegung. Eins der Mädchen sprang auf und lief uns entgegen. Es war Susi.

„Da seid ihr ja! Ich dachte schon, ihr hättet meinen Brief nicht bekommen."

Ich sah an ihr vorbei auf die drei andern.

„Und wer sind die?"

„Kolleginnen vom Ballett. Wir haben doch vier Tage frei, da sind sie einfach mitgekommen. Sie waren alle noch nie in Italien. Ihr habt in eurem Haus doch bestimmt ein Plätzchen zum Schlafen."

Das war der Schreck!

„Ausgeschlossen!" sagte ich wie aus der Pistole geschossen. Ich sah uns schon zu sechst auf zwei Couches kampieren.

„Natürlich", sagte Julia ungerührt und gab Susi einen Begrüßungskuß. „Wir sind zwar noch nicht eingerichtet, aber irgendwie wird's schon gehen." Und mit einem kühl lächelnden Blick zu mir: „Nicht wahr, Thomas?"

Wenn sie Thomas zu mir sagt, weiß ich, was die Glokke geschlagen hat. Sonst nennt sie mich Tommy (in der Verwandtschaft, ihrer und meiner), Paulchen (unter besseren als guten Freunden), süßes Mutzelmäuschen, Altervater, Pummelchen oder was ihr sonst gerade an Albernem einfällt (unter uns und in lyrischeren Momenten). Gelegentlich siezt sie mich sogar, wenn sie zerstreut oder, was ziemlich häufig vorkommt, von der niederschmetternden Erkenntnis geplagt ist, daß ich eigentlich doch nicht der bin, den sie hätte heiraten sollen. Jetzt war ich Thomas, was bedeutete, daß sie von mir zumindest äußerlich das Betragen eines Gentleman und Kavaliers verlangte.

Der Ordnungsruf dämpfte meinen Verdruß so weit, daß ich den Rest der Begrüßung mit Anstand bewältigte und willig, wenn auch innerlich grollend, den Reisetaschenwall in den Kofferraum des Wagens verlagerte. Als ich die beiden letzten holte, steckte der aus seinem Dösen erwachte Schalterbeamte seinen Kopf durchs Fensterchen und rief mir neidvoll nach:

„Soviel Glück möcht' ich auch mal haben!"

Ich drehte mich verdrießlich um und fragte zurück: „Haben Sie schon mal mit vier wildfremden Mädchen in zwei Betten geschlafen?"

„Schööön!" seufzte er, von der bloßen Vorstellung überwältigt. „Aber waren's nicht fünf?"

„Die fünfte ist meine Frau."

Er wiegte bedenklich das geölte Haupt. „Mamma mia! Schon schlechter! Falls Sie Unterstützung brauchen, Signore ... in einer halben Stunde bin ich dienstfrei."

Er war enttäuscht, daß ich von seinem großherzigen Angebot keinen Gebrauch machen wollte.

Draußen zwitscherte und kicherte es im Wagen wie in einem Vogelbauer, und Julia wartete im Dunkeln neben dem Kofferraum auf mich.

„Benimm dich ausnahmsweise", raunte sie mir zu. „Ich find's auch nicht gerade lieblich. Aber schließlich ist es unser erster Besuch."

„Nur Susi. Von den andern war keine Rede."

„Aber sie sind nun mal da. Vielleicht können wir sie im Albergo unterbringen."

Meine Stimmung hob sich ein wenig. Das Albergo war eine Idee – wie so oft Julias, nicht meine. Natürlich mußte ich anstandshalber das Zimmer für die drei bezahlen, aber im Vergleich zu den Unannehmlichkeiten, mit denen ich mich sonst würde herumschlagen müssen, schien mir die Ausgabe vertretbar. Und Susi konnte die erste Nacht im Liegestuhl kampieren.

Leider hatte die Idee einen störenden Haken: daß wir zu spät nach Agliano kamen. Das Albergo mit dem musikalischen Anbau war schon zu, und beim zweiten, in dem sich unsere Hauskauf-Debatte abgespielt hatte, erwischte ich nur noch die halbtaube Padrona und strandete an ihrem Hörapparat. Ich hatte eins der Mädchen als Muster zum Vorzeigen gleich mitgebracht, aber obwohl ich ihr das Weshalb und Warum unseres dringlichen Verlangens nach einem Zimmer deutlich artikuliert auseinandersetzte, schien das Hörrohr für die Subtilitä-

ten meines Anliegens unempfindlich und nur die nackte Tatsache durchzulassen, daß ich ein Zimmer für die Nacht wollte, und zwar mit einem Mädchen, das nicht meine Frau war, worauf sie entrüstet alle einschlägigen Heiligen zu Zeugen anrief, daß sie ein achtbares Haus führe, in dem sich gelegentlich sogar Don Silvio, der Pfarrer, ein Gläschen genehmige, daß man ihr dergleichen noch nie zugemutet habe, daß sie auch keineswegs gesonnen sei, jetzt oder in Zukunft ihr Seelenheil für einen Sündenlohn zu verkaufen, und daß ich mich überhaupt bis in den tiefsten Grund meiner Seele schämen solle, falls ich noch einen Rest Schamgefühl besitze, eine so liebenswerte, schöne, anständige Signora wie meine Signora zu betrügen. Sie jedenfalls böte weder Hand noch Bett dazu. Es war unmöglich, den Schwall ihrer sittlichen Entrüstung zu bremsen, und noch unmöglicher, das Mißverständnis aufzuklären.

Im ersten Stock rührten sich schon die schlafen gegangenen Hausgäste, und ich zog mich schleunigst mit dem verwirrten Mädchen zurück, das zum Glück kein Wort von dem ganzen Aufruhr begriff. Während ich es zu den andern, friedlich schlummernden in den Wagen zurückstopfte, zischelte ich Julia grimmig zu, sie allein hätte an dem Mißverständnis schuld. Sie hätte mit der Wirtin sprechen müssen.

„Wieso denn?“ fragte sie mit mühsam bewahrtem Ernst. „*Du* hast sie doch im Albergo einquartieren wollen, nicht ich.“

Ihre Kicherlust überwältigte sie endgültig. „Du hättest dich bloß sehen sollen ... der keusche Joseph, als Sündenbold verkannt! Stell dir vor, wofür sie dich erst gehalten hätte, wenn die andern zwei auch gleich mitgekommen wären!“ Ihre unangebrachte Heiterkeit kannte keine Grenzen.

„Was machen wir jetzt?" fragte ich bedrückt, als die Abzweigung zu unserm Berg schon im Scheinwerferlicht vor mir auftauchte.

Julia zuckte unbeschwert die Achseln.

„Nachtlager von Granada ..." In ihren Augen blitzte es plötzlich auf. „Oder warte mal ... Jakob hat doch auf seinem Boden bei den Kakteen noch Platz. Zwei von den Mädels ließen sich bequem da unterbringen. Er wird sich geradezu danach reißen."

Aber auch das erwies sich als Fehlspekulation. Er ließ uns wer weiß wie lange klopfen und rufen, und erst als ihm klarwurde, daß seine Türfüllung ernstlich in Gefahr war, spähte er halb grämlich, halb verlegen durch den Türspalt und raunte uns mit viel Geräuspere zu, daß er – hm – leider schon Damenbesuch habe und deshalb ... wirklich, ein andermal gern ... mit Freuden ... aber gerade heute ...

Immerhin fand er sich bereit, zwei überschüssige Wolldecken rauszurücken.

Es blieb also beim Nachtlager von Granada. Als ich den Wagen bekümmert vor die Garage fuhr, drang von hinten vierfaches friedliches Atmen an mein Ohr. Sie schliefen eng aneinandergedrückt wie ein Wurf Kätzchen und sahen so aus, als ob sie bis zum Morgen friedlich so weiterschlafen würden, vorausgesetzt, daß wir sie nicht störten. Warum eigentlich nicht? Wenn wir sie im Wagen ließen, ging ihnen nichts ab, und ich war wenigstens sicher, für den Rest der Nacht in ein vernünftiges Bett zu kommen und meinen Muskelkater vom Umgraben pflegen zu können. Schließlich war es ihnen doch ganz gleich, wo sie schliefen, wenn sie nur schliefen, und überdies hatte ich sie nicht eingeladen.

Julia war entschieden nicht mit mir einverstanden; ich merkte es unter anderem daran, daß sie mich siezte. Ich sei ein gräßlicherer Egoist, als sie je angenommen habe, teilte sie mir gedämpft aber energisch mit. Natürlich käme es gar nicht in Frage, die armen Dinger nach so anstrengender Fahrt um ihre Nachtruhe zu betrügen, während ich allenfalls ein bißchen in der Erde herumgestochert hätte. Es ginge auch bestens. Sie nähme Susi in ihr Bett, zwei von den andern kämen in meins, die dritte könne auf einem Liegestuhl im Gastzimmer schlafen.

„Und ich?“ fragte ich.

„Auf dem kleinen Kanapee am Kamin.“

„Ich bin kein Zwerg! Es ist mindestens einen Meter zu kurz und einen halben zu schmal.“

„Dann auf dem andern Liegestuhl.“

Der andere Liegestuhl war eine notdürftig zusammengeflickte Ruine. Er krachte in allen Fugen und neigte dazu, bei jeder unvorsichtigen Bewegung seinen inneren Halt zu verlieren und zusammenzuklappen.

„Könnte ich nicht statt Susi zu dir ins Bett und Susi dafür ...?“

„Nein“, sagte sie mit einem Eisblick auf mich. „Sie schnarchen.“

Das „Sie“ in diesem Zusammenhang trug unserm Streit etwas prickelnd Verruchtes zu, als hätte ich einer wildfremden Dame zugemutet, in ihrem Bett für mich ein bißchen beiseite zu rücken. Die Behauptung, ich schnarchte, ließ mich dagegen kalt. Schließlich wußte ich, daß ich nicht schnarchte. Man hat so was im Gefühl. Andere schnarchten vielleicht, ich nicht. Ich schlief dezent und lautlos, eine Ohren- und Augenfreude für jedermann. Wir waren uns schon früher einmal darüber uneins gewesen, und ich hatte, um ein für allemal objektive Klarheit zu schaffen, eines Nachts unseren Tonbandapparat neben mein Bett gestellt und in Tätigkeit gesetzt, als ich schlafbereit das Licht ausknipste. Aber das Ding hatte mich mit seinem ewigen Summen wach gehalten, ich hatte mich unablässig herumgewälzt, und zum Schluß war nur die Julia besonders am Herzen liegende Aufnahme von Strawinskys „Geschichte des Soldaten" gelöscht, weil ich aus Versehen ein falsches Band erwischt hatte, und durch jähe Fortissimi quietschender Bettfedern und gelegentliches dumpfes Zorngemurmel ersetzt worden, ein ungenügender Ausgleich für das Verlorene, wie ich ziemlich kleinlaut zugeben mußte.

Jetzt jedenfalls hatte es keinen Sinn, ihre Behauptung zu widerlegen.

Ich baute also lustlos die Liegestühle auf, und als die Mädchen zähneputzend am Badezimmerspiegel vorbeidefiliert und schlaftrunken zu ihren verschiedenen Lagerstätten verschwunden waren, steckte Julia noch einmal den Kopf durch die Tür.

„Falls Sie Hunger haben sollten", bemerkte sie frostig an mir vorbei, „können Sie die Leber essen."

Ich hatte Hunger, mörderischen Hunger, aber ich dachte gar nicht daran zu essen. Jetzt gerade nicht. Schließlich hatte ich auch meinen Stolz. Sollte doch jemand anders an der erkalteten, zähen Leber ersticken. Mir reichte es, in einem wackligen Liegestuhl schlafen zu müssen, in dem ich bestimmt kein Auge zutun würde. Aber dann fand ich mich unversehens doch in der Küche, und die Leber schmeckte gar nicht so schlecht, vor allem, wenn man sie auf ein Stück Graubrot legte, mit den gedünsteten Zwiebeln garnierte und mit einem Schluck Wein runterspülte.

Hinterher senkte ich mich vorsichtig in den Liegestuhl, der bei jeder Bewegung gräßlich ächzte, und dann fiel mir der hilfsbereite Schaltermann aus Castelmassa ein und was er wohl sagen würde, wenn er mich so sähe. „Schöööön!" bestimmt nicht.

Und gerade als mir trotz allem die Augen zufallen wollten, schlürfte jemand draußen leise über die Terrasse, und gleich darauf kratzte es an der Tür. Als ich vergrämt das Fenster aufriß und hinausspähte, entdeckte ich Jakob.

Die Hände in den Hosentaschen, mit elegisch hochgezogenen Schultern und tragisch brustwärts gesenktem Kinn sah er nach allem andern als nach einem erfolgreichen Casanova aus.

„Ich bin's", erklärte er überflüssigerweise.

„Nanu? Der Damenbesuch schon weg?"

Er nickte trübe. „War die Kleine aus dem Café in Agliano. Kennst du doch . . . nicht die Lange, Dünne, die Jüngere mit den strammen Waden. Hat jedesmal mächtig mit mir poussiert, wenn ich auf einen Espresso drüben war. Wollte schon immer mal zu mir kommen, meine Bilder sehen . . ."

„Na, dann war ja alles bestens."

„Eben nicht." Er seufzte tief auf.

„Wieso?"

Er zuckte die Achseln. „Weiß nicht. Hab' ihr die Bilder gezeigt, meine und andere aus Kunstbüchern und so, und weil sie keinen Dunst hatte – stell dir vor, so was lebt in Italien und hält Raffael und Michelangelo für Wermutmarken! –, hab' ich ihr was vom Andachtsstil und klassizistischen Frühbarock erzählt." Missionarischer Eifer glomm in ihm auf. „Man muß so einem Mädel doch geistig was bieten, bevor . . . ich meine, wenn man Gelegenheit dazu hat."

„Klar. Muß man", sagte ich ernst. „Und dann?"

Er starrte tiefsinnig vor sich hin. „Nischt . . . gar nischt. Andachtsstil läge ihr nicht, hat sie gesagt, ein Schluck St. Raphael wär' ihr lieber als der ganze gemalte, und sie hätte sich mehr von dem Abend versprochen. Und ist abgehauen. Dabei wollt' ich ihr noch die Kakteen zeigen. Muß wohl irgendwas falsch gemacht haben."

Sein Blick flog mißtrauisch über mein Gesicht, ob da nicht irgendwo in Mund- oder Augenwinkel Wimpelchen unangebrachter Heiterkeit flatterten, aber zum Glück hatte ich sie gerade noch rechtzeitig einziehen können, so daß er nichts zu beanstanden fand.

„Und dann bin ich eben hergekommen", fuhr er fort. „Wegen der zwei Mädels ... weil ich doch vorhin gesagt habe, es ginge nicht. Jetzt könnten sie von mir aus kommen."

Ich sah ihn an. Nicht geradeheraus, weil er das im Moment offensichtlich nicht mochte, mehr verstohlen. Dikke Falten kräuselten ihm die Stirn, die Brauen waren grimmig gesträubt, aber die Augen wirkten längst nicht so kühn und selbstsicher, wie die Brauen taten. So wenig er auch äußerlich danach aussah, er hatte für mich trotzdem etwas von einem Kind, einem ein bißchen ins Stämmige geratenen, unordentlichen, versponnenen, unbekümmert in seine Spiele vertieften Kind. Das Beste an Jakob war, daß es ihm total schnurz war, was andere von ihm dachten. Er bepinselte seine Leinwände und tippte seine Fernsehspiele und Zeitungsartikel, und sie wurden ihm mit Kußhand abgenommen, ob er nun einen roten und einen grünen Strumpf an den Füßen trug oder zwei, die zufällig zueinander paßten. Er war selbstsicher, weil ihm niemand an den Wagen fahren konnte und er genug in sich hatte, um nichts von draußen zu brauchen. Und das Traurige war nun, daß ihn das Mädchen aus dem Café in Agliano um seine Selbstsicherheit gebracht hatte. Er hatte ihr seine Schätze gezeigt – wahrscheinlich hatte er gar nichts anderes von ihr gewollt –, und die Tatsache, daß sich die alberne Gans nichts aus ihnen machte, hatte sie auch für ihn, zumindest vorübergehend, zumindest für diese trostlose, müde Nachtstunde, in wertlosen Plunder verwandelt. Wo er Glanz und Zauber gesehen hatte, sah er bloß noch billigen Tinnef, mit dem er nicht mal mehr einer Dorfpuppe imponieren konnte. Und jetzt war er, dachte ich, angenehm durch die Erkenntnis meiner Weisheit gehoben, rübergekommen, weil er insgeheim wünschte oder glaubte oder hoffte, daß die zwei Mädels, falls sie noch mitkämen, den Plunder durch ihre Bewunderung wieder in Schätze zurückverwandeln würden.

„Schade", sagte ich gerührt und mußte an mich halten, seinen struppigen Schädel nicht zu streicheln, wie man ein trauriges Kind streichelt, dem jemand sein Spielzeug genommen hat. „Sie sind schon schlafen gegangen."

Und dann ging mir auf, daß mir da die Möglichkeit in den Schoß fiel, zwei dicke Fliegen mit einer Klappe zu schlagen – daß die Mädels ja vier Tage blieben und daß ich mit Jakobs Hilfe wieder zu meinem Bett und Jakob mit ihrer Hilfe zu seiner Unbekümmertheit kommen konnte.

„Aber morgen", sagte ich rasch, „morgen bring' ich sie dir rüber, wenn du willst. Denen kannst du bestimmt was von Andachtsstil erzählen, und auf Kakteen fliegen die."

„Meinst du?" fragte er zweifelnd. „Sind sie hübsch?"

„Du wirst Augen machen!"

„Na, schön", sagte er. „Bis morgen also." Und scheinbar ohne jeden Zusammenhang hängte er dran: „Ich kann meinen Espresso auch woanders trinken."

Ich sah ihn in der Dunkelheit verschwinden, nicht mehr ganz so kummergebeugt, wie mir vorkam, den Kopf schon ein bißchen höher, die Schultern gerader als vorhin, alles in allem eine Spur zuversichtlicher. Den tiefsten Tiefpunkt hatte er wohl hinter sich.

Mir stand er noch bevor. Denn als ich in meiner Liegestuhlruine nach einer halbwegs erträglichen, schlummerfördernden Lage suchte, knallte er unsanft mit mir zusammen. Ich blieb gleich liegen. Noch tiefer ging es wenigstens nicht.

6. Kapitel

Ta-tü-ta-ta

Man schätzt es nicht, wenn einem schon morgens in aller Frühe etwas in die Quere kommt. Wenn man zum Beispiel ins Bad möchte und nicht kann, weil schon jemand drin ist, obwohl man verbrieften Anspruch auf Erstbenutzung hat. Mein Zusammenleben mit Julia bot zumindest in dieser Hinsicht keine ernstlichen Probleme. Ich stand mehr aus Notwendigkeit denn aus Neigung früher auf, sie mehr aus umgekehrten Gründen später. Die Differenz erlaubte mir, mich ungestört der Herrichtung meines äußeren und der Aufrichtung meines inneren Menschen zu widmen. Wie wichtig das ist, um den Anforderungen des neuen Tages gefaßt und hoffnungsfroh ins Auge blicken zu können, ganz besonders, wenn man sich in dem durch eine auf hartem Lager wachend durchquälte Nacht hervorgerufenen Zustand empfindlich gesträubter Nervenenden und äußerster Zerfallenheit mit dem Dasein befindet, ist längst durch die psychosomatische Erforschung der subtilen Zusammenhänge von Körper und Seele erwiesen. Jede Behinderung der Restaurierung wirft düstere Schatten auf den noch jugendfrischen Tag, die weder der strahlendste Sonnenschein noch Julias lieblichstes Lächeln noch der aufs zarteste geröstete Toast aufzuhellen vermögen. Man hadert verbissen mit sich und der Welt, und das leichteste Frühstück liegt einem schwer wie Blei im Magen.

An diesem Morgen nun erwies sich die Tür des Badezimmers zu meinem Mißvergnügen als verriegelt, und von drinnen drang leises Plätschern heraus, ein Umstand, der mich zu allem andern noch um den vollen melancholischen Genuß meines Märtyrertums im Dienste der Gastfreundschaft brachte, denn da ich niemand hatte reingehen hören, mußte ich wohl doch ein Weilchen geschlafen haben.

„Ist da wer?" hörte ich Susis muntere Stimme.

Ich verschluckte meinen Ärger und rief gedämpft: „Ich bin's nur. Was machst du denn?"

Das sind so Fragen, die man stellt, wenn man noch nicht alle beisammen hat. Was soll man schon im Badezimmer machen?

„Ich bade. Spül' mir den Reisedreck runter. Willst du rein?"

„Gott behüte, nein!" Erschrocken zog ich mich einen Schritt zurück. Bei der heutigen Freizügigkeit kann man nie wissen, ob so ein Teenager nicht barfuß bis zum Kinn auf der Schwelle erscheint und es höchstens komisch findet, wenn man, da in zugeknöpfteren Vorstellungen aufgewachsen, Mühe hat, gewisse nackte Tatsachen unbefangen zu übersehen.

Susi kicherte. Mein Dilemma schien sie allenfalls zu erheitern. „Warum denn nicht? Ich beiß' dich nicht."

„Nein, laß nur", murmelte ich ergeben. „Spül nur ruhig weiter! Ruf mich, wenn du fertig bist, bevor die andern kommen!"

Eine festgelegte Reihenfolge der Badbenutzung würde sich für die Dauer des Besuchs als nötig erweisen. Trübsinnig schlurfte ich auf die noch im Schatten liegende Terrasse hinaus, um nicht etwa einer ihrer Freundinnen vor Augen zu kommen. Sie gingen mich zwar nichts an, aber wer läßt sich schon gerne – und noch dazu von hübschen Mädchen – in einem Zustand besichtigen, den er nicht für seinen vorteilhaftesten hält? Doch die Prüfungen des Morgens waren noch nicht zu Ende. Unvorsichtig um die Hausecke biegend, gewahrte ich Freddy, der lässig die Straße heruntergeschlendert kam. Selbst auf diese Entfernung sah er piekfein hergerichtet, gebügelt und rasiert aus, was mir meinen eigenen zerknitterten Zustand peinlich ins Bewußtsein rief.

Flüchtig hoffte ich, er hätte mich nicht gesehen, und wollte mich eilends wieder verziehen, aber er winkte mir schon zu, lehnte sich gemütlich über die Mauer und gab mir dadurch kund, daß er einem kleinen Schwätzchen nicht abgeneigt sei.

„Na, das Damenvolk schon auf?" erkundigte er sich munter, während seine blanken braunen Äuglein neugierig über die Hausfront und den von seinem Standort aus sichtbaren Teil des Grundstücks liefen. Liefen war der richtige Ausdruck: wie flinke, zutrauliche Tierchen, die nach Schlupflöchern suchten.

„Woher wissen Sie das schon wieder?" fragte ich erstaunt.

Er zuckte mit den in einem eleganten blaßblauen Frotteehemd steckenden fetten Schultern. „Spricht sich rum. Man hat Sie gestern abend voll besetzt über die Piazza in Agliano fahren sehen. Laetitia, unsere Putzfrau, hat's uns erzählt. Bellissime ragazze . . . !"

Er küßte mit gespitzten, feuchten Lippen in die Luft und griente mich an, als unterhielte ich einen heimlichen Harem in meinem Haus. Der Bonbongeruch seines Rasierwassers stach mir aufdringlich in die Nase und ließ mich jede einzelne Stoppel wie eine in die Haut gepikte glühende Nadel spüren. Ärgerlich rieb ich mir übers Kinn. Es raschelte wie trockenes Laub.

„Ja, ja", nickte er mitfühlend, „Ladies first . . . auch im Badezimmer."

Er beugte sich vertraulich zu mir herunter: „Schwierig, was? So mit fünf Mädels im Haus ... Wie machen Sie das überhaupt mit dem Schlafen? Sie sind doch gar nicht dafür eingerichtet."

Seine ungenierte Art, in unseren Angelegenheiten herumzuschnüffeln, mißfiel mir. Ich sagte daher obenhin:

„Nicht so schlimm. Meine Frau schläft mit zweien im Bett, ich mit den beiden andern. Wenn man dicht zusammenrückt, geht's schon."

Er riß die Augen auf.

„Dicht zusammen?" murmelte er entgeistert. „Sie sind mir ja einer! Und Ihre Frau hat's erlaubt? Na, Lilli würde mir was husten. Man ist eben meistens mit der falschen Frau verheiratet, nur merkt man's erst mit den Jahren." Er starrte mich an, mußte durch irgendwas stutzig geworden sein. „Oder wollen Sie mich etwa auf den Arm nehmen, wie? Na, klar! So was gibt's ja gar nicht." Er drohte mir neckisch mit dem Finger. „Da haben Sie mich wirklich ganz hübsch verladen. Aber Ihnen wird auch noch das Lachen vergehen."

Ich lachte gar nicht, aber ich wollte wenigstens wissen, warum es mir vergehen würde, falls ich gelacht hätte.

Er plinkerte mir als Antwort geheimnisvoll zu.

„Warten Sie nur ab, bis es hier richtig losgeht."

Unten bog ein knallrotes Motorrad knatternd von der Talstraße in den Weg zu uns herauf. Es verschwand zwischen den Bäumen und tauchte kurz vor der mittleren Kurve für eine Sekunde wieder auf.

„Der da –", Freddy wies mit leise schwabberndem Doppelkinn zur Kurve hinunter, „– war heute schon dreimal oben bei uns, hat gewendet und ist wieder abwärts gebraust. Was meinen Sie, wozu?"

Ich hatte keine Meinung in diesem Punkt. Wildfremde Motorradfahrer interessierten mich nicht.

„Um Ihren Damen zu imponieren, natürlich!" fuhr

Freddy fort. „Passen Sie auf, wie der Gockel kräht, wenn er hier vorbeikommt."

Das Motorrad schoß eben hinter der Hecke hervor, ein spuckendes, knallendes rotes Phantom, auf dem mit hochgezogenen Knien ein windiges Bürschchen hockte, das uns zugrinste und gleichzeitig die Hupe in markerschütternde Tätigkeit setzte: Ta-tü-ta-ta! Im nächsten Augenblick verschwand das Phantom in der oberen Kurve.

„Na, was sage ich!" bemerkte Freddy triumphierend. „Lehren Sie mich die Leutchen hier kennen. Seitdem Italien durch Romeo und Casanova in den Ruf geraten ist, das Land der unwiderstehlichen Liebhaber zu sein, fühlt sich jeder Italiener zwischen siebzehn und siebzig verpflichtet, die nationale Ehre durch seinen persönlichen Einsatz zu retten. Ich hab' meine Erfahrungen. Lillis wegen hab' ich mein Grundstück oben abdichten müssen. Dabei haben sie vor verheirateten Frauen noch Manschetten, wenigstens wenn der Ehemann in der Nähe ist. Aber Ihre jungen Damen... Stellen Sie ein paar Schilder auf – Achtung Selbstschüsse oder Bissige Hunde! –, wenn die Burschen erst wie die Bienen um den Honigtopf schwirren."

Er warf noch einen Spähblick zum Haus hinüber, und da sich dort noch immer nichts rührte, winkte er mir lässig zu.

„Na, viel Spaß! Und meine Empfehlung an die Damen! Ich komme bei passenderer Gelegenheit mal vorbei."

Er schob in seiner Bonbonduftwolke ab, aber nicht weiter talwärts, wie ich angenommen hatte, sondern wieder nach oben, der abgedichteten Lilli zu. Offenbar hatte er auch nur ein bißchen am Honigtopf schnuppern wollen.

Während ich wieder zum Haus zurückschlurfte, fragte

ich mich eine Spur unbehaglich, was von seinem Gerede zu halten war. Selbst wenn er recht hatte, fand ich, brauchte ich mir keine grauen Haare wachsen zu lassen. Die Mädchen waren alt genug, um auch ohne Selbstschüsse mit ein paar lästigen Jünglingen fertig zu werden. Als Schlimmstes standen also ein paar unruhige Tage mit Ta-tü-ta-ta und sonstigen geräuschvollen Huldigungen in Aussicht, und unruhige Tage waren mir nachgerade nichts Neues. Im übrigen sah man ja, was von Freddys Behauptungen zu halten war: das Phantom war noch nicht wieder heruntergekommen. Wer weiß, was der Kerl wirklich da oben wollte? Vielleicht brachte er den Mönchen im Kloster die frischen Brötchen samt der Morgenzeitung zum Frühstück.

Die Erleichterung über diese Feststellung erstickte im Keim, denn im gleichen Moment hörte ich das Motorrad im Leerlauf durch die obere Kurve schleichen und verzog mich schleunigst ins Haus. In meinem bis auf die Fliesen wallenden alten Bademantel steckend, kam Susi eben wuschlig und rosig und mit irgendwas zum Anziehen über dem Arm leise aus Julias Kemenate und nahm Kurs aufs Gästezimmer.

„Kannst rein“, sagte sie mit einem Nicken zum Bad und musterte mich kritisch. „Mir scheint, du hast es nötig. Julia schläft noch. Ich zieh' mich bei Renate um.“

„Mach die Fensterläden vor“, murmelte ich in Gedanken an Freddy und durch das gleichbleibende Puckern des Motorrads draußen abgelenkt. Der Kerl hatte also angehalten. Das letzte, was ich sah, bevor ich eilig die Tür zuschob, war Susis sprachlos verdutztes Gesicht.

Eilig hatte ich's, weil ich wissen mußte, *warum* der Lümmel angehalten hatte. Die Antwort gab mir eine Handvoll Sand, die im nächsten Augenblick gegen die Milchglasscheibe des Fensters raschelte. Entrüstet riß ich es auf, aber die beabsichtigte Schreckwirkung ging in die Binsen, da das von Susis Bad zurückgebliebene Wasserdampfgewölke mich in wirbelnde Schwaden hüllte. Offenbar hielt er mich für eins der Mädchen, denn er warf mir eine schnalzende Kußhand zu, worauf er triumphierend Gas gab und knatternd den Berg hinunterstob.

Nun doch stärker beunruhigt, ließ ich mich erst mal auf den Klodeckel sinken. Eine Kußhand an die falsche Adresse war eher komisch als unheilverkündend, aber die Zielstrebigkeit dieses Anbandlungsversuchs machte Freddys Geschwätz wieder glaubwürdiger. Vorläufig war es ja nur einer und noch dazu ein reichlich mickriges Exemplar, aber wenn sich die Anwesenheit von vier hübschen, blonden, weder verlobten noch verheirateten Ausländerinnen erst richtig herumsprach, würde es vermutlich nicht bei dem einen Zudringling bleiben. Die jungen Männer hatten hier in der Gegend wenig Abwechslung und würden sicher in hellen Scharen anrükken, um auf ihre Weise internationale Annäherung zu betreiben. Wenn ich wenigstens der Mädels hätte sicher sein können! Aber ich kannte sie nicht. Ich kannte nur Susi, und die kannte ich, wie man die jüngere Schwester seiner Frau zu kennen pflegt, nämlich noch weniger als nicht. Solange man sich vor der Hochzeit noch im Stadium zarter Werbung um die Ältere befindet, übersieht man die meist störende Gegenwart der ohnehin reizlosen, staksbeinigen Jüngeren, und nach der Hochzeit tut man sein möglichstes, der angeheirateten Familie fürs erste aus dem Wege zu gehen. Daß Susi sich rundherum erfreulich entwickelt hatte, war mir erst gestern abend aufgegangen. Trotzdem wäre mir in meiner augenblicklichen Situation die Staksbeinige erheblich lieber gewesen.

Und dann fiel mir noch unversehens ihr Brief ein, in

dem sie mitgeteilt hatte, sie brenne darauf, einen richtigen Casanova kennenzulernen. O Gott, wenn sie nun alle darauf brannten! In allen Illustrierten, die auf sich hielten, wurde teils sozialkritisch-sachlich, teils moralisch entrüstet, in jedem Fall aber detailfreudig bebildert darüber geschrieben, daß die kühle Weiblichkeit des Nordens alle Bande frommer Scheu verlöre, wenn sie es im sittenlockernd-heißen Süden mit der Romantik in Gestalt braunhäutiger, schwarzhaariger Epheben zu tun bekäme. Und daß die Epheben davon wüßten und diese nördliche Anfälligkeit für Romantik schon in ihre Ferienpläne und sonstige Freizeitgestaltung einkalkulierten. Ich sah uns schon in einer Art Belagerungszustand, von einer kleinen Armee freizeitgestaltender ländlicher Erosjünger umringt, deren Ansturm bei der Unzuverlässigkeit meiner Hilfstruppen zum Ziel führen mußte, wenn nicht ich – ich allein – mich wie einstmals der wackere Winkelried in die Speere der Feinde stürzte. Ich stürzte mich ungern in Speere, zu welchen Zwecken auch immer, aber wie die Dinge lagen, war es allem Anschein nach nicht zu umgehen.

Zur Abkühlung der heißlaufenden Gedankentätigkeit versenkte ich meine Füße in den anderen Zwecken bestimmten halbvollen Wassereimer neben dem Klo. Wie konnte ich die sich anbahnende Katastrophe noch bremsen? Natürlich war es unter diesen Umständen ausgeschlossen, zwei der Mädchen zu Jakob umzuquartieren, wo ich sie nicht unter den Augen hatte. Ebenso verbot es sich, sie in den Zimmern einzuschließen oder ihre Bewegungsfreiheit aufs Haus zu beschränken. Schließlich fuhr man nicht nach Italien, um sich die Gegend durchs Fenster anzugucken. Andererseits konnte ich natürlich jeden vom Betreten des Grundstücks ausschließen, dessen Absichten mir verdächtig waren. Zweitausend Qua-

dratmeter Italien zuzüglich der Aussicht auf ungezählte weitere mußten für die nächsten vier Tage genügen. Das Dumme dabei war nur, daß die Aufgabe, unerwünschte Besucher fernzuhalten, ausschließlich mir zufiel, denn Julia – das ahnte ich dunkel voraus – würde meine Auffassung von Verantwortlichkeit und der Notwendigkeit gewisser Vorkehrungen keinesfalls teilen. Immerhin, es kam auf den Versuch an, sie in dieser bedenklichen Situation auf meine Seite zu ziehen.

Eilig stieg ich aus dem Eimer, verkürzte die Reinigungsprozedur auf das Unumgänglichste und schlich zu Julia hinüber.

Sie saß auf dem Bettrand und schwenkte die Füße, um die frisch gestrichenen Zehen zu trocknen. Auf dem dreibeinigen Melkschemel, den sie als Nachttisch benutzte, lag aufgeschlagen der italienische Sprachführer. Sie warf einen Blick hinein und fragte mit übertrieben tönenden Os und rollenden Rs:

„È ora di alzarsi? Mi alzo subito. Come sta?"

Ich setzte mich wortlos neben sie. Mir war im Moment nicht italienisch zumute. Ihre Augenbrauen hoben sich erstaunt in die Stirn.

„Was ist los? Ist dir Freddys Anblick aufs Gemüt geschlagen? Ich hab' euch vorhin draußen reden hören. Könnt ihr das nächstemal euren Morgenplausch nicht an eine abgelegenere Stelle verlegen?"

Ungesäumt unterrichtete ich sie über Freddys Warnung und die Folgerungen, die zu ziehen ich mich verpflichtet fühlte. Wie gesagt, ich hatte nicht erwartet, daß ihr der Ernst der Lage sofort eingehen würde, aber auf das, was kam, war ich auch nicht gefaßt. Sie schmiß sich hintenüber aufs Kissen und juchte hemmungslos vor Lachen.

„Pst!" zischte ich erschrocken. „Die Mädels brauchen nichts davon zu wissen!"

Sie juchte noch ein Weilchen gedämpfter weiter und kam endlich wieder zu Atem. „Wär' auch besser für dich. Was meinst du, wie die erst jodeln würden! Vorhin war Susi schon hier und hat sich beschwert, du müßtest verrückt geworden sein, weil sie beim Anziehen unbedingt die Fensterläden hätte zuziehen sollen."

Ein neuer Kicheranfall erstickte im Kissen.

„Und Freddys Erfahrungen?" fragte ich, um meine Besorgnisse durch Hinzuziehung eines kompetenten Sachverständigen zu untermauern.

„Freddy? Pah!" Sie zuckte leichtfertig mit der Schulter. „Der Gartenzwerg sieht Gespenster!"

Den Berg herauf näherte sich wie aufs Stichwort erneut das Knattern.

„So", sagte ich rechthaberisch, „und was ist das? Vermutlich ein motorisiertes Gespenst. Paß auf, gleich hupt es ..."

Das Ta-tü-ta ließ die Scheiben erzittern.

Julia stützte sich auf und funkelte mich plötzlich wütend an. Ich hatte wieder einmal Gelegenheit, die verblüffende Inkonsequenz weiblicher Gemütszustände zu studieren. Eben noch albernes Gekicher, und schon spuckte sie Grimm wie ein kleiner Vulkan.

„Na, und wenn schon! Der kann hupen, bis er schwarz wird! Was für überhebliche Esel ihr Männer doch seid! Bildet euch ein, ihr brauchtet bloß mit den Wimpern zu klimpern, und schon hättet ihr unsereins wehrlos um den Finger gewickelt. Das starke Geschlecht! Ha, daß ich nicht lache! Hier vielleicht –", sie ließ ihren dürftigen Bizeps spielen, „– aber euer Grips hat sich seit dem Abmarsch aus dem Neandertal nicht um die klitzekleinste Windung entwickelt. Sonst wüßtet ihr längst, daß wir es sind, die bei Bedarf ihre Wahl unter euch eingebildeten Affen treffen."

„Und wo kommen dann die unehelichen Kinder und verlassenen Muttis her?"

Sie bedachte mich mit einem vernichtenden Blick.

„Weil ihr noch trübseliger seid, als wir's uns vorstellen können."

Susis Gesicht erschien im Türspalt.

„Ach herrje! Kleiner Ehekrieg, was? Könnt ihr das nicht bis nach dem Frühstück vertagen? Uns hängt der Magen schon in den Kniekehlen."

Sie zog sich hurtig zurück, bevor ich meine Absicht, ihr ein Kissen an den Kopf zu werfen, wahrmachen konnte.

Das kleine Zwischenspiel hatte Julia ein wenig besänftigt.

„Also laß den Quatsch", sagte sie. „Susi und die Mädels sind vernünftig genug, um nicht auf jedes hupende Rumpelstilzchen reinzufallen. Und das mit dem Casanova in ihrem Brief... na ja, so was schreibt man eben in ihrem Alter."

Ich verlangte nichts Besseres, als mich wie sie in Sorglosigkeit wiegen zu können, aber der Verlauf des Frühstücks war nicht danach angetan. Die Sonne stand noch immer nicht hoch genug für den gegen jede Sicht geschützten Teil der oberen Terrasse, und da die Mädchen nach Italien gekommen waren, um italienische Sonne zu konsumieren, und Julia ebenfalls sonnenhungrig war, wurde ich mühelos überstimmt und der Frühstückstisch an die schon im Sonnenschein liegende Terrassenecke geschoben, die man von der Straße her überblicken kann. Zudem waren die Mädchen einschließlich Julias, um den Sonnenkonsum so ausgiebig wie nur möglich zu gestalten, in spärlichster Bekleidung erschienen, so daß ich mir in Hemd und Leinenhosen zwischen ihnen wie ein hochgeschlossener Missionar auf einer von Anstand und Zivilisation noch nicht beleckten Fidschiinsel vorkam. Es fruchtete nichts, daß ich ihnen einen Vortrag darüber hielt, wie schädlich allzu üppige Sonnenbestrahlung für die Nerven sei und was man an ausgesucht scheußlichen Krankheiten davon kriegen könne. Sie meinten nur, ihre Nerven würden allenfalls leiden, wenn sie für ihr Geld nicht so viel Bräune bekämen, daß ihre zu Hause gebliebenen Kolleginnen vor Neid erblaßten.

So saßen wir also um den Tisch, das heißt, sie drängelten sich auf der einen Seite, wo sie, der Straße zugekehrt, die Sonne auf der Vorderfront hatten, und ich mühte mich einsam auf der andern, soviel Blick wie möglich von der Straße her abzudecken und meinen Rücken für alle Fälle borstige Abwehr ausstrahlen zu lassen. Julia fragte, wie die Reise gewesen sei, und sie erzählten, während sie sich mit Brötchen, Marmelade und Honig vollstopften, die Reise sei wie jede andere Reise gewesen, abgesehen von ein klein bißchen Angst, weil sie uns nicht gleich am Bahnhof vorgefunden hätten. Susi hätte den Namen des Kaffs hier vergessen, so daß sie die Jungs nicht einmal danach hätten fragen können, falls wir nicht gekommen wären.

„Jungs? Was für Jungs?“ fragte ich hellhörig.

„Jungs eben“, erläuterte Susi mit vollem Mund. Ein ganzer Haufen. Sie seien in der Bahnhofsvorhalle dauernd um sie herumgeschlichen, hätten dämlich gequatscht, sie angegrinst, und einer hätte irgendwas mit Bazi gesagt. „Was heißt denn das?“

„Nicht Bazi – baci“, vermutete ich. „Einzahl bacio, zu deutsch – hm – Kuß.“

Susi hielt im Kauen inne und sah mich ungläubig an. „Wirklich? Mann, das hätten wir wissen sollen! Und gleich Mehrzahl! Die gehen ja ran! Wo wir uns noch nicht mal kannten! Da sieht man's eben – Italiener!"

Von unten kündete Motorradknattern das Nahen des Feindes; diesmal schien es lauter. Es war auch lauter, denn es waren schon zwei. Genaugenommen drei – einer klebte beim roten Phantom noch hinten drauf. Sie schossen mit doppeltönigem Ta-tü-ta-ta dicht hintereinander bergaufwärts vorüber, und Renate fragte, warum sie hupten. Es sei doch niemand auf der Straße.

Nur ruhig Blut, ermahnte ich mich. Solange die Mädels nicht ahnten, daß das Getute ihnen galt, war noch nichts verloren.

Julia saß mir schräg gegenüber, und ich sah unbehaglich an dem spöttischen Geglitzer in ihren Augen vorbei, während ich Renate auseinandersetzte, das sei wegen der Kurve. In Italien müsse man vor jeder Kurve hupen.

„Wieso fahren denn überhaupt so viele hier durch?" fragte Susi, mit einem neuen Brötchen beschäftigt. „Ich hab' den ganzen Morgen über welche gehört, und ihr habt Mutti doch geschrieben, bei euch hörte man höchstens die Vögel piepen."

Das Geglitzer in Julias Augen nahm zu, während ich hektisch nach einer harmlosen Erklärung suchte und schließlich wortreich bemerkte, heute müsse wohl ein hoher kirchlicher Feiertag sein, und an hohen kirchlichen Feiertagen sei die Straße zum Kloster hinauf immer belebt. Sonst führe da niemand, aber an hohen kirchlichen Feiertagen zeige es sich, wie sehr das Volk noch mit der Kirche verbunden sei, denn selbst junge Menschen führen an solchen Tagen hinauf, um in der Kapelle des Klosters fromme Andacht zu halten.

Die Mädchen schwiegen, beeindruckt von soviel Frömmigkeit, und ich holte, da ich nun einmal dabei war, zu einem kleinen Exkurs in die Geschichte der katholischen Kirche aus, um ihnen die Ursprünge der tiefen kirchlichen Verbundenheit des Volkes vorzuführen, die sich besonders an hohen kirchlichen Feiertagen zeige, aber gleich zu Anfang schon spähte Susi über mich weg nach oben und bemerkte, mit der Verbundenheit könne es nicht allzu weit her und die Andacht nur von kürzester Dauer gewesen sein, denn sie kämen schon wieder runter.

Zuzüglich zum Glitzern in ihren Augen begannen nun auch Julias Mundwinkel verdächtig zu beben, und mit leicht belegter Stimme fuhr ich rasch fort, daß es natürlich auch Ausnahmen gäbe, daß aber von Menschen, die sich so unbedenklich, und noch dazu an hohen kirchlichen Feiertagen, von ehrwürdiger Vätersitte abwandten, nichts Gutes zu erwarten sei. Am besten, man ließe sie unbeachtet.

Mit dem Unbeachtetlassen war es nichts, denn hinter mir verstummte das Leerlauf-Puckern – nicht etwa, weil sie weitergefahren, sondern weil sie stehengeblieben waren –, und die ein wenig müde, satte Aufmerksamkeit der Mädchen, die bisher aus Mangel an Interessanterem mir gegolten hatte, glitt spürbar und spürbar weniger müde und satt zu einem Punkt zirka zehn Meter hinter meinem noch immer abwehrstarrenden Rücken ab, dem Punkt, an dem die drei Burschen jetzt vermutlich an der Mauer lehnten. Und Julias Mundwinkel trotzten allen Verschleierungsversuchen und bebten nun wirklich und ganz offen.

Indessen saß ich wie auf glühenden Kohlen und sagte mir, daß ich, falls ich diesen unerfreulichen Zustand nicht verewigen oder noch Schlimmerem Tür und Tor öffnen wollte, irgend etwas tun mußte, etwas Entscheidendes. Die Frage war nur, was. Mit ihnen reden, sie auf das Un-

ziemliche ihres Tuns hinweisen und nach Hause schikken? Ich hörte mich schon stotternd nach Worten fahnden, sah, wie sie mich zuerst zutraulich angrinsen und dann ernst und mit höflich geneigten Köpfen zuhören und emsig herauszufinden versuchen würden, was ich eigentlich meinte, wie sie schließlich gutgelaunt begreifen, meine Schnitzer hilfsbereit und unter allgemeinem herzlichen Gelächter verbessern, mir die richtigen Ausdrücke in den Mund legen würden, und wie aus alledem ein Witz, eine fröhliche Italienisch-Lektion werden würde, der geeignetste Ausgangspunkt zur Anknüpfung näherer Beziehungen und genau das Gegenteil von dem, was ich beabsichtigt hatte. Andererseits konnte ich auch zu Handgreiflichkeiten schreiten, aber Handgreiflichkeiten lagen mir nicht, und außerdem würden sie, falls ich dazu schritte, möglicherweise auch dazu schreiten.

Ich saß hoffnungslos in der Klemme, ich wußte es, und es schmerzte mich, wieder einmal zu erfahren, daß die Gerechten zu leiden hatten und die Ungerechten allenfalls glitzerten und bebten, ohne ihnen, den Gerechten, in ihrer schweren Prüfung zu Hilfe zu eilen. Aber in dieser Hinsicht irrte ich, denn als ich eben auf dem tiefsten Tiefpunkt meiner Selbstbemitleidung angelangt war, stand Julia mir schräg gegenüber auf und sagte munter:

„So, gefrühstückt hätten wir. Wie wär's jetzt mit einem kleinen Sonnenvollbad hinter dem Gebüsch da unten, wo wir uns ohne Publikum ganz auspellen können. Tommy schafft uns Liegestühle und Decken runter."

Warum hatte ich nicht selbst dran gedacht? Warum mußte es immer und immer wieder Julia sein, die auf die naheliegendsten, die besten Ideen kam? Trotzdem klang's mir wie liebliche Melodei in den Ohren, und obwohl ich mich nicht gern herumkommandieren lasse, wäre ich zumindest in diesem Moment aus purer Erleichterung bereit gewesen, nicht nur Liegestühle und Decken, sondern das ganze bewegliche Hausinventar – viel war's ohnehin nicht – nach unten zu schleppen.

Und siehe da, angesichts der Aussicht, auch die restlichen paar Quadratzentimeter Haut, die bisher aus Anstandsgründen verhüllt und bläßlich hatten dahindarben müssen, von der Sonne bescheinen zu lassen, waren die drei Motorrad-Casanovas für die Mädels plötzlich unerheblich geworden. Jedenfalls waren sie Feuer und Flamme.

Mit Sonnenbrillen, Hautöl, Hautcremes und sonstigem kosmetischen Zubehör reichlich versehen, trollten sie sich schwatzend den Hang hinunter, während ich das Frühstücksgeschirr abräumte und überrascht dabei feststellte, daß ich in meiner Bedrängnis vergessen hatte, auch nur den kleinsten Happen zu essen.

In der Haustür stieß ich auf Julia. Sie glitzerte mich spöttisch an.

„Na, hast wohl Blut und Wasser geschwitzt?"

„Ich? Kein Stück! Warum sollte ich?"

„Weil dir nichts einfiel, wie du die Wölfe von deinen Unschuldslämmchen wegscheuchen solltest."

„Wär' mir schon", tat ich zuversichtlich. „Schlimmstenfalls hätt' ich die Kerle vertrimmt!"

„Sieh an!" staunte sie mit runden Unschuldsaugen. „Vertrimmt hätte sie der Wüterich. Gleich drei auf einmal. Und noch dazu an einem hohen kirchlichen Feiertag!"

Ich grinste, und sie griente zurück – gekrauste Nase, Blitzezähne, verwehte blonde Strähnchen in der Stirn –, und ich merkte zum fünfzigtausendstenmal, daß ich kein netteres Mädchen hätte heiraten können.

Als ich hinterher die Stühle runtertrug, standen die drei noch immer an der Mauer, enttäuscht und irgendwie kümmerlich wie Hühner im Regen. Sie winkten mir halbherzig zu, und da ich keine Hand frei hatte, um zurückzuwinken, trompetete ich ein fröhliches „Ta-tü-ta-ta!" zu ihnen hinüber.

Die Gefahr war damit natürlich noch längst nicht gebannt, höchstens für den Augenblick abgewehrt. Ich war mir dessen bewußt und verhielt mich danach. Noch einmal wollte ich mich nicht in eine Klemme manövrieren lassen.

Zuerst umschritt ich allseitig das nahe dem unteren Grundstücksende gelegene Gebüsch, in dem sich unter Gegacker und Gekicher das Sonnenvollbad abspielte, und fand es zur Abwehr neugieriger Blicke geeignet. Zudem war das Grundstück hier durch eine dichte, verwilderte Hecke begrenzt, an deren Dornen jeglicher Einbruchsversuch kläglich hängenbleiben würde. Die Gefahr mußte also, wenn sie nicht von rechts oder links kam, von oben kommen. Links lag ein ehemaliger Weinberg im mittleren, rechts einer im Endstadium der Verwilderung. Selbst zu amourösen Zwecken würden die Jünglinge weder knietief durch Unkraut waten noch über verrosteten Draht und morsche Stützpfähle stolpern und mit ihren schicken, spitzen Schuhen, schicken Hosen und schicken Pullovern auch noch über Mauern klettern. Blieb demnach oben.

Infolgedessen stieg ich eilig hinauf, um die seit zehn Minuten entblößte Hauptfront wieder zu bemannen. Die drei waren weg, und auf die Bestätigung meiner strategischen Überlegungen brauchte ich nicht lange zu warten, denn ich kam gerade zurecht, um fuchtelnd zwei neue über das noch von der Nacht her verschlossene Tor zurückzujagen, das sie gerade überklettert hatten. Gleich danach ließ ich sie kleinlaut wieder herein, weil sie sich nach einigem Palaver als der Kassierer und der Leitungskontrolleur des Elektrizitätswerks entpuppten. Während sie im Haus ihren Verrichtungen nachgingen, behielten sie mich mißtrauisch im Blick. Vermutlich glaubten sie, einen Irren vor sich zu haben, und waren heilfroh, als sie fertig waren und sich ungeschoren davonmachen konnten.

Es war ein Fehlschlag gewesen, schön, aber Napoleon oder Churchill oder sonst eine verläßliche historische Persönlichkeit hat einmal gesagt, man könne jedes Gefecht verlieren und dennoch den ganzen Feldzug gewinnen. Und dazu, zum Gewinnen nämlich, war ich fest entschlossen.

Da sich im Moment kein neuer Gegner zeigte, nutzte ich die Atempause, um einen Haufen scharfkantiger Schottersteine, der unter der Kastanienhecke für etwaige Wegverbesserungszwecke aufgehäuft war, kunstgerecht quer über die ausgefahrene Straße zu verteilen. Den Motorrad-Casanovas würde ich den Spaß schon versalzen. Hinterher lief ich rasch in die Küche, um mein versäumtes Frühstück nachzuholen. Ich kaute gerade am ersten Bissen, als ich die Motorräder wieder hörte. Oder war es nur eins? Mit dem Frühstück war's nichts. Mein Magen hatte sich inzwischen ganz schön eingeknurrt, er konnte einstweilen ruhig dabei bleiben. Ich stob auf die Terrasse hinaus. Das Knattern kam näher, langsamer als zuvor, ging kurz vor dem Haus unversehens in stockendes Spucken über, von einem wilden Fluch übertönt, und verstummte jäh. Ich hatte den Kerl. Er war an den Schottersteinen gestrandet.

Eilends schoß ich um die Hausecke – und bremste mühsam meinen stürmischen Schritt zu dem üblichen Schlendrian, mit dem ich dem Postboten zum Tor entgegenzugehen pflegte. Er war es nämlich. Der mit der gewöhnlichen Post, nicht Serafino. Er fluchte noch immer, nur eine Kleinigkeit leiser. Meistens kam er zu Fuß, aber wenn er's eilig hatte, benutzte er seinen privaten Motorroller, ein sorgsam gehegtes Prachtexemplar, auf dem man ihn sonntags mit Frau und drei übereinandergestapelten Kindern zu Familienfestlichkeiten seiner zahlreichen Verwandtschaft kutschieren sah. Jetzt hatte er ihn schräg von sich weggeneigt und betrachtete sorgenvoll die Reifen.

„Strada brutta!" erklärte er mit vorwurfsvollem Blick, während er mir die heutige postalische Ernte, die Telefonrechnung von zu Hause, überreichte. Ich drückte ihm im Austausch ein Hundertlirestück in die Hand, und schon wesentlich sanfter fuhr er fort, man könne von ihm schließlich nicht verlangen, daß er seine Motocicletta auf solchen Schutthalden ruiniere, nur um seiner Kundschaft gefällig zu sein. Falls ich als Anlieger nicht für ordnungsgemäßen Zustand der Straße sorge, müsse ich eben meine Post in Zukunft selbst im Ufficio in Agliano abholen.

Das wollte ich nun auch wieder nicht, und um ihm meinen guten Willen zu zeigen, las ich, während er von dannen rollte und solange er noch in Sichtweite war, ein paar Steine auf und warf sie seitwärts in die Büsche. Kaum war er um die Ecke verschwunden, schmiß ich sie auf die Straße zurück.

Während der nächsten halben Stunde passierte gar nichts. Ich hätte mein unterbrochenes Frühstück wieder aufnehmen können, aber ich war zu nervös dazu. Ich war nervös, weil niemand kam. Es gehörte sich nicht, zuerst dauernd vorbeizufahren, zu hupen, mit Sand zu schmeißen und Leute zu Gegenmaßnahmen zu veranlassen und dann plötzlich so zu tun, als wäre nichts. Oder belauerten sie mich etwa heimlich von irgendwoher und warteten auf das Nachlassen meiner Wachsamkeit? Dann hätten sie sich allerdings in den Finger geschnitten.

Und dann fiel mir ein, daß sie ihr Tätigkeitsfeld vielleicht doch an die von mir im Vertrauen auf ihre natürlichen Hindernisse sträflich vernachlässigte untere Grundstücksgrenze verlegt haben könnten, und ich galoppierte den Hang hinunter. Unten verströmte das Gebüsch säuselnde Transistorklänge – eins der Mädels hatte das Ding eingeschleppt –, und aus dem Brunnenhäuschen tröpfelte kühles Plätschern. Sonst nichts. Oder doch? Hatte da nicht ein Zweig geknackt?

Ich versuchte, auf den schmalen Fußweg jenseits der Hecke zu spähen, der in weiter Windung rund um den Berghang ebenfalls zum Kloster führte, aber die Hecke war dagegen; nur durch ein winziges Guckloch im Gesträuch sah ich, daß sich da etwas bewegte. Ich bohrte mich dornenverachtend tiefer hinein, warf gleichzeitig ein handfestes Stück trockenen Asts drüberweg und vernahm zu meiner lebhaften Genugtuung einen zornigen Aufschrei. Ich hatte getroffen. Ins Schwarze offenbar. Das würde dem Lüstling die Lust vertreiben!

Es war kein Lüstling – ich sah es, als ich meinen Kopf triumphierend durch die Hecke zwängte –, es war ein Mönch. Er bückte sich eben, um sein heruntergefallenes Käppchen aufzuheben. Übrigens war es der gleiche, den wir schon mehrmals oben hatten vorbeipilgern sehen und der so nett und gutmütig aussah, daß Julia ihn schon immer über die ihre Wißbegier marternde Frage hatte aushorchen wollen, ob Mönche unter ihren Kutten etwas anhätten. Ich sagte ihr, daß ich die Frage höchst überflüssig fände, da sie nur Äußerliches betreffe und dem Wesen des Mönchtums nicht wirklich auf den Leib rücke, worauf sie erwiderte, das käme ganz auf den

Standpunkt und die Jahreszeit an. Wenn man sich zum Beispiel vorstelle, wie kalt die gewiß nicht zentralbeheizten Klöster im Winter sein müßten, ließen sich Unterhosen keinesfalls als überflüssig bezeichnen, und wenn ich Unterhosen für etwas Äußerliches hielte, wüßte sie nicht, wie sie dem Mönchtum noch tiefer auf den Leib rücken solle, ohne den Anstand zu verletzen. Dann müßte sie, meinte ich achselzuckend, da ich ihre Logik zu anstrengend fand, eben tun, was sie nicht lassen könne. Das wollte sie auch, tat's aber nicht, weil ihr angesichts der Tatsache, daß Mönche eben doch Männer waren, Bedenken kamen, ob es bei aller rein wissenschaftlichen Wißbegier für eine Frau denn schicklich sei, einen Mann, der ihr nicht einmal vorgestellt war, danach zu fragen, ob er Unterhosen trüge oder nicht.

Jetzt sah er gar nicht nett und gutmütig aus, und schon aus diesem Grunde verbot es sich, die Gelegenheit zu nützen, um von Mann zu Mann dieses Problem zu klären. Infolgedessen beschränkte ich mich auf eine stolp-

rige Entschuldigung, die wohlwollend aufgenommen wurde. Trotzdem drehte er sich fortwandelnd noch mehrmals argwöhnisch um.

Danach schoß ich wieder den Abhang hinauf und, da sich oben noch immer nichts rührte und unten sich etwas zu rühren schien, wieder hinunter. Nach dem vierten erfolglosen Stellungswechsel klebte mir das Hemd klatschnaß am Leibe, die Puste streikte, die Knie begannen zu zittern, und Julia, die frisch und rosig aus ihrem Gebüsch zum Vorschein kam, erkundigte sich, wovon ich bei dieser himmlischen Ruhe eigentlich so mitgenommen aussähe, und ob ich nicht allmählich ans Mittagessen wolle. Wozu habe sie mir schließlich das teure Kochbuch geschenkt?

Beim Mittagessen konnte ich endlich aufatmen, weil wir es der Hitze wegen ins Haus verlegten, wo die Mädels vor zudringlichen Flirtversuchen sicher waren. Hinterher gedachten sie, ein bekömmliches Mittagsschläfchen zu halten, und obwohl ich gern ihrem Beispiel gefolgt wäre, erinnerte mich der Anblick der Liegestuhlruine daran, daß es für mich bekömmlicher wäre, die gefahrlose Zeit zum Ankauf einer dritten Couch für das Gästezimmer und einer weiteren Matratze zu nutzen, die man immer gebrauchen konnte. Auf diese Weise würde ich wenigstens heute nacht in meinem eigenen Bett schlafen können.

Ich fuhr also los, nachdem ich das Tor zu meiner Beruhigung hinter mir zweimal herum abgeschlossen hatte. Der Ankauf dauerte seine Zeit – Signor Brigotti, in dessen Möbelmagazin ich ihn tätigte, bestand darauf, daß ich mich auf jede Couch legen müsse, um ihre Qualitäten zu erproben, und als er mittendrin durch ein Telefongespräch abgerufen wurde, bewirkten die von ihm gerühmten Qualitäten im Verein mit den hinter mir liegenden Strapazen, daß ich auf der, auf der ich gerade probeweise lag, wirklich einschlief. Beim Erwachen fand ich eine kleine Volksmenge um mein Lager versammelt, ein junges Brautpaar nebst Eltern, Schwiegereltern, Geschwistern und sonstigen Anverwandten, die mich gerührt und respektvoll ansahen, während Signor Brigotti ihnen mit Rücksicht auf mich in vernehmlichem Flüsterton erklärte, die paar tausend Lire, die diese doppelt kerngefederte Couch mehr koste, seien bestens angelegt, wie das Beispiel dieses extra zwecks Couchkaufs aus dem Ausland herbeigeeilten anspruchsvollen Signore beweise, der, nur für ein Sekündchen allein gelassen, von der unvergleichlichen Bequemlichkeit dieses Möbels alsbald in erquickenden Tiefschlaf gewiegt worden sei.

Die Familie nickte begeistert, und als ich mich verlegen aufrappelte, wollte auch das Brautpaar sofort die Couch probieren, derentwegen der anspruchsvolle Signore aus dem Ausland herbeigeeilt war. Sie wippten schüchtern ein bißchen drauf herum, und dann zog unter allgemeinem Gelächter eine energische dicke Frau in feierlichem Schwarz, vermutlich die Mutter der Braut, das errötende junge Mädchen hoch, vielleicht weil sie unter dem Eindruck stand, so in aller Öffentlichkeit und überhaupt sei das gemeinsame Lager doch ein wenig verfrüht. Danach kamen die andern der Reihe nach dran, und alle drückten mit „Ahs!" und „Ohs!" ihre Befriedigung über Polsterung und Federung aus sowie ihre Bewunderung über den vortrefflichen Geschmack des ausländischen Signore, der sie soeben gekauft hatte, trotz der paar tausend Lire mehr, die ich mir gern erspart hätte; aber in Anbetracht der meinem Geschmack widerfahrenen Bewunderung konnte ich mich schließlich nicht lumpen lassen. Überdies erließ Signor Brigotti die Hälfte des Mehrpreises als Belohnung für prompte Barzahlung und versprach mir, das gute Stück samt zusätzlicher Matratze noch vor Abend zum Haus transportieren zu lassen. Zum Schluß drückte mir noch die ganze Familie die Hand und wünschte mir und meiner zweifellos jungen, schönen und hoffentlich bei bester Gesundheit befindlichen Signora angenehme Stunden auf der neuen Couch.

Im Café nebenan trank ich zur Erholung von der Aufregung einen Campari, kaufte im nächsten Negozio fürs Abendbrot Verschiedenes ein, was Julia mir aufgeschrieben hatte, und als ich wieder auf die Straße trat, war das erste, was mir ins Auge fiel, Freddy.

Er hatte seinen Wagen mitten auf dem Fahrdamm neben meinem geparkten angehalten und spähte offensichtlich nach mir aus. Er spähte gerade in die andere Richtung, und als ich plötzlich neben ihm auftauchte, sagte er grienend:

„Ah, da sind Sie ja! Dacht' ich mir's doch!"

„Was?" fragte ich.

„Daß Sie weggefahren wären."

„Wieso?"

Er sah mich mitleidig an. „Wenn die Katze aus dem Haus ist, tanzen die Mäuse auf dem Dache."

„Auf der Tenne", verbesserte ich.

„Ist ja egal", tat er meinen Einwurf ab. „Jedenfalls tanzen sie. Und nicht zu knapp."

Hinter ihm hatten sich ein paar Wagen aufgestaut. Der Fahrer des vordersten betätigte aufgeregt die Hupe. Freddy schien es nicht zu hören.

„Verstehen Sie?" fragte er bedeutungsvoll.

Ich schüttelte den Kopf. Seine Mäuse waren mir schnurz und piepe. Außerdem fingen jetzt auch die nächsten Wagen zu hupen an.

Freddys Miene ließ deutliche Zeichen von Ungeduld erkennen. „Haben Sie denn vergessen, was ich heute früh sagte? Daß die Burschen hier wie wild auf blonde Mädels sind!"

„Bisher ist mir keiner aufs Grundstück gekommen! Kein einziger!" brüllte ich. Das Brüllen war nötig, weil er mich sonst nicht verstanden hätte.

„Bisher vielleicht!" Er lief rot an, weil er ebenfalls stimmlich aufdrehen mußte. „Aber als ich vor einer Viertelstunde bei Ihnen vorbeifuhr, lehnten vier Motorräder draußen an der Mauer, und Ihre Damen hielten auf der Terrasse Cercle. Verstehen Sie jetzt?"

Ich stand starr, das einzig Starre in einer ungeheuer bewegten Szene. Von rechts näherte sich wütend ein armeschwenkender Polizist, von links trabten drohend aus ihren Autos gekletterte Fahrer heran. Nur die hintersten, die nicht mitkriegten, was vorne vorging, hielten noch unentwegt das Hupkonzert im Gange. Vor mir gab Freddy Gas und fuhr los. Nicht etwa, um vor meinem Wagen zu halten, wie es sich gehört hätte, sondern gleich weiter.

„Il traffico, signore! Lei disturba il traffico!" klagte der inzwischen angelangte Polizist mit sonoren Vokalen in der die Arme dramatisch zum Himmel reckenden Haltung einer Kassandra und schien sein Strafmandatsheftchen zücken zu wollen.

Meine Erstarrung wich. Das fehlte mir noch! Freddys wegen, der an allem schuld war, womöglich in der Kartei für Verkehrssünder zu landen und Strafe zu zahlen! Außerdem hatte ich keine Zeit. Freddys Nachricht hatte mich in Panik versetzt. Ich mußte schleunigst nach Hause.

Zum Glück wurde der Polizist durch die herandrängenden Fahrer abgelenkt, und während er mit ihnen parlierte und sie zu überzeugen suchte, daß der traffico um so schneller wieder in Gang käme, je eher sie in ihre Autos verschwänden, kroch ich schwitzend in meinen

Wagen und startete. Dummerweise mußte ich, wenn ich keinen großen Umweg machen wollte, um den Platz vor mir herum und durch dieselbe Straße zurück, und als ich gerade in die auf der einen Fahrbahn noch immer verstopfte Straße einbiegen wollte, sprang mir der Polizist in den Weg und gab mir ein Haltzeichen. Zur Verkehrsbehinderung kam nun noch Fahrerflucht dazu. Das konnte eine Kleinigkeit kosten.

Ergeben hielt ich neben ihm an.

„Sie haben Ihre Tüte vergessen, Signore", sagte er und reichte mir die Tüte mit meinen Einkäufen aus dem Negozio herein, die ich bei der Begegnung mit Freddy an der Trottoirkante abgestellt hatte. „Buon appetito!"

Er griente, grüßte mit einem Finger lässig zum Mützenschirm und trat zurück.

Der Weg war frei.

Auf der Strecke vom Städtchen zum Haus brach ich jeden Geschwindigkeitsrekord, und bis auf den Umstand, daß ich in der Eile meine eigene Schottersteinfalle vergaß und daß beim Drüberwegholpern kurz vorm Halten irgendwas scheußlich dröhnend gegen den Benzintank schlug, ging alles glatt. Nicht vier Motorräder lehnten draußen an der Mauer, sondern sechs. Es sah aus wie auf dem Parkplatz eines Fußballvereins bei einem Oberligaspiel. Das kam also dabei heraus, wenn man im Vertrauen auf die Vernunft seiner Nächsten nur für fünf Minuten den Rücken wandte! Na, sie sollten mich kennenlernen.

Ich ließ den Wagen, wo er stand, kletterte wutschnaubend übers Tor, stürzte um die Hausecke auf die obere Terrasse und – fühlte mich von einer Fata Morgana veralbert. Es konnte nicht wahr sein! Ich kniff die Augen zu und schüttelte den Kopf, um die Sicht klar zu kriegen. Als ich sie wieder aufriß, hatte sich nichts verändert; die Fata Morgana erwies sich als beständig. Statt der tollenden Satyrn und Nymphen, auf die ich gefaßt gewesen war, gewahrte ich unter mir ein Idyll harmlos-bukolischer Betriebsamkeit. Zwei Jünglinge – einer von ihnen der Windige von heute morgen – schnitten das kniehohe, wildwuchernde Gras auf dem Hang unterhalb des Hauses und unterhielten dabei einen lebhaften, durch sprachliche Schwierigkeiten kaum behinderten Flirt mit Renate, die das Gras zum Trocknen auseinanderrechte. Ein dritter Jüngling zupfte unter Susis Aufsicht brav das Unkraut aus den Rillen zwischen den Steinplatten des offenen Teils der unteren Terrasse, und zwei weitere gruben, von Jakob angeleitet und durch die Anwesenheit der beiden restlichen Mädels beschwingt, fleißig Stufen in den Hang und befestigten sie mit Steinen, die ein sechster schwitzend heranschleppte.

Plötzlich klirrte es neben mir. Julia war mit einem Tablett voller Gläser und einem Krug Limonade aus dem Haus getreten.

„Da staunste, was?" fragte sie, sanft glitzernd.

Ich nickte sprachlos. Staunen war gar kein Ausdruck. Ich war platt. Julia nahm mir das Reden ab.

„Ich hab' mich in deiner Abwesenheit als Dompteuse betätigt. Deine reißenden Wölfe sind von meinen Lämmchen kaum mehr zu unterscheiden."

Ich nickte erneut, ziemlich töricht vermutlich. Immerhin fand ich die Sprache wieder.

„Und wie – ich meine, wie hast du das angestellt?"

Julia sah wohlgefällig auf das emsige Treiben hinunter.

„Gar kein Problem. Ich sah sie vorhin da rumstehen und dachte mir, wenn sie da schon rumständen, könnten sie auch eine Kleinigkeit tun. Und wenn sie was täten, könnten sie nicht mit den Mädels poussieren. Poussier du mal, wenn du Gras mähst oder Unkraut jätest. Und wenn sie trotzdem poussierten, käme wenigstens was dabei raus, wenn auch nicht gerade das, was sie sich vorgestellt hätten. Jedenfalls hat es mehr Sinn, als den Abhang rauf und runter zu rennen, bis einem die Zunge zum Hals raushängt."

Das zielte auf mich. Ich schwieg betreten und ging mit der Vermutung um, daß es wohl doch zwei Arten von Vernunft geben müsse: eine männliche und eine weibliche. Und die weibliche hatte zweifellos den Vorzug, wirklichkeitsnäher, wirksamer und noch dazu bequemer zu sein.

„Glaubst du jetzt", fragte sie, „daß man uns mit Wimpernklimpern und Ta-tü-ta-ta allein nicht rumkriegen kann?" Und schwebte spöttisch glitzernd und hüftenschwenkend mit ihrem Tablett davon, ohne auf meine Antwort zu warten. Was hätte ich auch schon sagen sollen!

Nur eine belanglose Kleinigkeit bleibt diesem schönen Tage italienisch-deutscher Verschwisterung noch nachzutragen. Als ich hinterher den Wagen reinfahren wollte, fuhr er nicht. Allenfalls rückwärts, den Berg hinunter. Vorwärts keinen Zentimeter. Nun gibt es mancherlei Gründe, warum ein Wagen nicht fährt, deren Erkennung bereits mein technisches Verständnis weit übersteigt, von ihrer Beseitigung gar nicht zu reden. In solchen Fällen öffne ich die Motorhaube, und sobald ich festgestellt habe, daß der Motor noch da ist, ist es mit meinem Latein schon zu Ende, worauf ich ratlos den Wagen umkreise und auf einen technisch besser gerüsteten Helfer oder wenigstens auf eine Eingebung hoffe.

Sie wurde mir diesmal durch die Nase zuteil. Es lag am

Benzin. An dem, das nicht mehr vorhanden war. Es war durch das Loch ausgelaufen, das ein Schotterstein in den Benzintank geschlagen hatte. Ich fluchte eine Weile, als ich es merkte, und dann halfen mir die Jünglinge, den Wagen in die Garage zu schieben, und fanden einstimmig, daß ich vollauf berechtigt sei, mich beim Gemeinde-Ufficio über den schlechten Zustand der Straße zu beschweren und schleunigst Abhilfe zu verlangen.

7. Kapitel

Duell mit Ruten

In den nächsten drei Tagen wurde das ganze Grundstück säuberlich gemäht, das Stück oben rechts neben der Einfahrt bis zur Mauer umgegraben, von Steinen gesäubert und mit Grassamen besät und die Treppe den ganzen Hang hinuntergeführt. Es war eine Pracht. Rechts und links der Stufen fehlten nur die blühenden Sträucher als letztes I-Tüpfelchen der Verwirklichung von Julias Gartenvision. Sträucher konnte man jetzt nicht pflanzen, blühende schon gar nicht. Aber sie würden im Herbst wiederkommen, versprachen die Jünglinge, um zu Ehren der Signora und der Signorinas auch das noch zu tun. Sie kämen natürlich am liebsten, wenn die Signorinas da wären, aber sie kämen auch, wenn sie nicht da wären, um ihnen in der Ferne eine Freude zu machen. Sie würden die Treppe mit den Sträuchern dann photographieren, selbstredend farbig, und ihnen die Photographien schicken. Alles in allem hatte sich der vierfache Besuch doch noch zu einem Erfolg ausgewachsen.

Um soviel herzliche Bereitwilligkeit zu belohnen, veranstalteten wir am letzten Abend ein Fest mit Lampions auf der oberen und unteren Terrasse, mit Grammophonmusik und Tanz. Das Grammophon und die Platten steuerte Lilli bei, weswegen wir sie mit Freddy einladen mußten. Übrigens hatte Freddy seine Enttäuschung noch nicht ganz verwunden, daß die Jünglinge seinen düsteren Prophezeiungen so wenig entsprochen hatten, und beobachtete sie mißtrauisch, während sie im schummrigen Lampionschein tanzten. Aber sie benahmen sich mit geradezu mustergültiger Höflichkeit, indem sie mich mit „Permesso?“ und „Grazie!“ jedesmal lächelnd und zähneblitzend und mit einer kleinen Verbeugung um Erlaubnis baten, bevor sie eins der Mädels oder Julia oder Lilli (in diesem Fall baten sie in Kenntnis der Besitzverhältnisse natürlich Freddy um Erlaubnis) zum Tanz entführten. Und nur Lilli fiel ein wenig aus der Rolle, als sie, durch Twist und Ramazotti in einen euphorisch erhitzten Zustand gelangt, unsere Terrasse mit ihrem Garten verwechselte und Anstalten traf, sich Stück für Stück zu entblättern, um uns des Anblicks von Gottes schönster Schöpfung teilhaftig werden zu lassen. Freddy hatte seine liebe Not, es ihr auszureden. Auch dieser Abend wurde so ein voller Erfolg.

Nichtsdestotrotz begannen wir uns nach der Abreise der Mädels ein wenig nach Ruhe zu sehnen. Sie wurde uns einen Tag lang zuteil. Das heißt, keinen ganzen, nur einen halben, denn schon kurz nach dem Mittagessen trat Julia auf die Terrasse heraus und beschwerte sich, daß kein Wasser laufe.

„Wieso?“ fragte ich schläfrig. „Es muß doch.“

„Tut's aber nicht.“

Sie erwartete offensichtlich, daß ich mich unverzüglich meiner Siesta entrisse, einen Schraubenschlüssel oder etwas ähnlich Einschlägiges zur Hand nähme und mich an die Behebung des Schadens machte; aber ich war nicht auf Behebung gestimmt, und außerdem war es sogar im Schatten viel zu heiß, um etwas anderes zu tun, als friedlich zu dösen. Ich focht infolgedessen hinhaltend:

„Hast du denn den Hahn aufgedreht?“

„Sei nicht albern.“

„Vorhin lief's aber noch."

„Vorhin ja. Jetzt nicht."

„Komisch."

„Kann ich beim besten Willen nicht finden."

Ein Augenblick tiefer, köstlicher Stille trat ein. Auf sanften Wellen glitt ich von neuem mählich dem Schlummer zu, aber zugleich wußte ich, daß ich ihn nie erreichen würde, denn sie stand noch immer da, dem Erzengel gleich, der die Sünder von der Schwelle des Paradieses weist.

„Vielleicht ist bloß der Hahn verstopft", murmelte ich hoffnungsvoll.

„Dann sind vermutlich alle verstopft", erwiderte sie, „denn aus keinem läuft Wasser."

Damit hatte sie mich. Wasser gehört zu den Grunderfordernissen des Daseins. Man kommt ohne nicht aus. Ohne Wasser könnte sie nicht mal ihren Nachmittagskaffee und meinen Nachmittagstee kochen. Obwohl Tee mich seelisch aufzurichten vermag, könnte ich ihn zur Not entbehren, während kein Kaffee bei ihr einer minderen Katastrophe gleichkäme. Ich raffte mich also seufzend auf und erklärte, daß ich mich auf den Boden begeben würde. Vielleicht läge es am Wasserspeicher oder an der Zuleitung.

„Tu das", sagte sie. „Hoffentlich hast du nicht zu gut zu Mittag gegessen, sonst paßt du nicht durch die Luke."

Ihre Befürchtung war nicht ganz unbegründet. Der Zugang zum Boden befand sich seltsamerweise nicht im Hause, sondern in Gestalt einer schmalen Luke in der der Garage zugekehrten Giebelwand. Der Wasserspeicher mußte schon vorm Decken des Dachs hinaufgehievt und montiert worden sein, denn durch die Luke wäre weder der Speicher noch der Monteur gegangen, wenn man einen der üblichen stämmigen Spaghetti-Typen voraussetzte. Außerdem befand sich die Luke so hoch in der Wand, daß selbst die lange Leiter, die wir in der Garage gefunden hatten, nicht weit genug hinaufreichte, um eine bequeme Basis für den Einstieg zu bieten.

Ich schwebte eine Weile auf Zehenspitzen auf der kippligen obersten Sprosse, während ich nach einem soliden Halt jenseits der Luke suchte, sprang todesmutig kurz an und robbte sodann, halb von Julia geschoben, halb mich ziehend, teils hochkant, teils in schraubenzieherartigen Windungen hinein, eine unerfreuliche Prozedur, in deren Verlauf ich mindestens ein halbes Pfund Zementstaub schluckte, da die Maurer es für überflüssig gehalten hatten, im Bodenraum für Reinlichkeit zu sorgen, und seitdem offenbar kein Mensch mehr oben gewesen war. Ich konnte es unter diesen Umständen wirklich niemand verdenken.

Licht sickerte zwischen den Dachpfannen genug herein, und nachdem ich mich halb kriechend zwischen zerbrochenen Ziegeln, Gebälk und Firstmauer durchgezwängt und mir den Kopf am Überlaufrohr gestoßen hatte, fand ich auch den Tank und entdeckte, daß sein Wasserspiegel bis unters Abflußrohr gesunken war. Die Schnur des Schwimmers schien sich an einem Stück Draht verheddert zu haben, so daß er nicht tiefer sinken und die Pumpe im Brunnenhäuschen unten hatte in Tätigkeit setzen können.

Meine Begabung fürs Technische ist, wie ich schon zugegeben habe, begrenzt. Ich muß gestehen, daß ich schon beim Einziehen von Manschettenknöpfen gelegentlich auf Schwierigkeiten stoße – besonders, wenn es sich um gestärkte Umschlagmanschetten handelt –, und bei meinem Wagen gelingt es mir allenfalls, ein Rad mit einem Platten abzumontieren und das Reserverad leidlich fest anzuschrauben, so daß es sich bei vorsichtigem Fahren immerhin bis zur nächsten Tankstelle nicht selbständig macht. Aber angesichts des Motors, jedes Motors, versage ich völlig. Julia hat mir deshalb schon mehrfach angeraten, einen Reparaturkurs für Selbsthilfe mitzumachen, aber wer gibt sich schon gern, noch dazu für sein eigenes gutes Geld, im Kreis von Sportskameraden, unter denen man mit seinen Erfahrungen prunken möchte, der Lächerlichkeit preis!

Die Voraussetzungen für die Lösung des technischen Problems standen also nicht günstig. Schwitzend in der Bruthitze, starrte ich den Wasserspeicher an, und dann zog ich versuchsweise ein bißchen am Schwimmer. Er gab nach und rutschte abwärts, und gleichzeitig begann unten im Brunnenhäuschen der Motor zu dröhnen. Normalerweise summt er nur gemütlich, aber jetzt dröhnte er wie ein Schwarm aufgeregter Superhornissen, laut, bedrohlich und irgendwie hektisch, und selbst mir wurde klar, daß irgendwas mit ihm nicht stimmen konnte. Erschrocken zog ich den Schwimmer hoch. Der Motor grollte noch ein Momentchen nach und verstummte.

„Was war denn?" tönte Julias besorgte Stimme aus der fernen Außenwelt in die jäh ausgebrochene Stille.

„Der Motor ist gelaufen."

„Das hab' ich gehört. Er klang so komisch ... so anders. Ist Wasser gekommen?"

„Kein Tröpfchen."

Sie schien nachzudenken. Dann ließ sie sich von neuem vernehmen. „Du hättest eben zuerst unten nachgucken sollen."

Das hat man gern. Einen erst unter wer weiß was für Mühsalen und Schwierigkeiten nach oben zu jagen und dann ... Ich starrte noch immer den Speicher an, aber er gab mir das Geheimnis seines Versagens nicht preis.

„Woran könnt' es denn unten liegen?" hörte ich Julia wieder fragen. Ihr seltenes Vertrauen in meine Allwissenheit rührte mich immer.

„Keinen Dunst", erwiderte ich trotzdem wahrheitsgemäß. „Vielleicht sitzt eine Kröte im Rohr, oder eine tote Ratte hat sich drin verfangen."

„O Gott!" sagte sie. Gleich darauf gab es einen Krach, und ich schlängelte mich hastig zur Luke, weil es immerhin sein konnte, daß sie ohnmächtig von der Leiter gefallen war.

Sie war es nicht, sie stand nur mit bleichem Gesicht eine Sprosse tiefer, da die morsche Sprosse darüber unter ihr nachgegeben hatte.

„Meinst du, daß wirklich eine tote ...?" Die bloße Vorstellung verschlug ihr schaudernd die Stimme.

Ich zuckte mit den Schultern. „Vielleicht. Vielleicht auch nicht. Vielleicht ist es bloß ein toter Salamander. Die Dinger werden hier ziemlich groß. Sehen wir nach! Das heißt, wenn ich jemals hier runterkomme."

Es dauerte gut eine halbe Stunde, bevor ich unbeschädigt unten anlangte, und dann hatte sie sich wieder so weit gefangen, daß sie über meinem Äußeren vorübergehend die Kröte vergaß.

„Wie siehst du bloß aus!" rief sie kopfschüttelnd. „Schrecklich, daß du nicht die kleinste Kleinigkeit tun kannst, ohne dich bis über die Ohren zu verdrecken!"

Schon zehn Meter vor dem Brunnenhäuschen merkten wir, daß etwas nicht stimmte: es plätscherte nicht. Sonst hörten wir's schon von weitem plätschern. Es war ein angenehmes, frisches Geräusch, das schon beim bloßen Zuhören Kühle verbreitete. Es rührte von dem Quell-

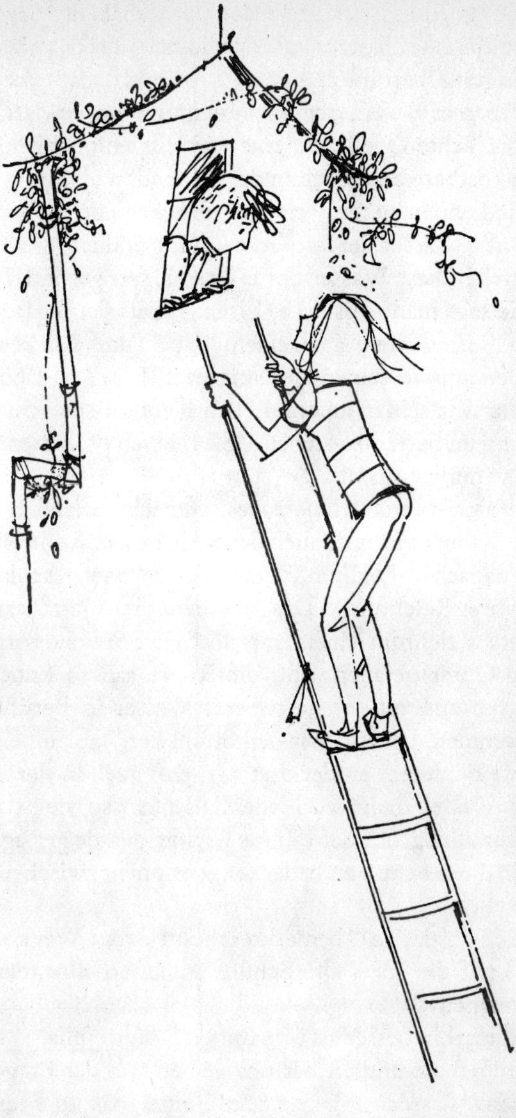

wasser her, das etwa einen Meter unterhalb der Schachthöhe aus einer Röhre floß. Egidio hatte bei der Hausbesichtigung besonders darauf bestanden, daß wir den Brunnen in Augenschein nahmen, und uns erklärt, daß es eine echte Quelle sei, eine vom Regen unabhängige, eine kostbare Seltenheit in der Gegend.

„Sie kennen suken weit und niiischt finden“, hatte er gesagt. „Wasser ’ier fast iimmer nur grindlich, aus Tiefe, versteh? Diese Wasser gutte Wasser, serr gesund. Ferro – wie sagt man? Eis? Ah, Eisenn! Gutt fier fegato und rene.“ Er deutete auf seinem Bauch und Rücken die Stellen an, wo seiner Meinung nach Leber und Nieren saßen. Mit seinen anatomischen Kenntnissen schien es nicht zum besten zu stehen. „Sie miissen probieren. Ah, una vera ricchezza!“

Ich hatte zuerst probiert – es schmeckte wirklich nach Eisen, aber es konnte auch der Rost aus der Röhre sein – und danach im Lexikon „vera ricchezza“ nachgeschlagen. „Wahrer Reichtum!“ Das ließ sich hören. Jetzt war der wahre Reichtum einem rätselhaften Schwundvorgang zum Opfer gefallen, und die Röhre sah so knochentrocken aus, als sei sie nie mit Wasser in Berührung gekommen. Und als wir den Strahl der Stablampe nach unten richteten, entdeckten wir, daß auch in der Tiefe kein Wasser mehr war, jedenfalls nicht so viel, daß es bis zum Saugrohr der Pumpe reichte, gerade genug, um einen alten Schuh zu bedecken, der unten zwischen den Kieseln lag.

„Sieh dir das an!“ bemerkte ich entrüstet. „Wer kommt bloß auf die Idee, alte Schuhe in unsern Brunnen zu schmeißen?“

„Immerhin besser als tote Ratten“, sagte Julia.

Und dann wandten wir uns gemeinsam der Frage zu, wo das Wasser geblieben sein könnte, das im Brunnen und das, das sonst aus der Röhre plätscherte – unser Reichtum, auf den wir Anspruch hatten, weil er im Preis inbegriffen gewesen war. Und mittendrin fuhr Julia erbleichend mit der Hand zum Mund, als hätte sie doch noch eine tote Ratte entdeckt.

„Mein Kaffee!" hauchte sie. „Woher kriege ich Wasser für meinen Kaffee?"

Um sie zu beruhigen, versprach ich ihr, bei Jakob ein Kännchen Wasser zu holen und ihn, Jakob, gleich mitzubringen. Er habe Erfahrungen mit Wasser und könne uns in unserer Notlage vielleicht raten.

Es dauerte ein Weilchen, bevor ich mit Jakob zurückkam. Er war gerade bei seinen Kakteen gewesen und hatte sich von einer Lobivia longispina nicht gleich trennen können, die sich angeblich gerade zum Blühen anschickte und seiner besonderen Fürsorglichkeit bedurfte. Unvorsichtigerweise fragte ich ihn, wieso er sich nur die Namen merken könne, für mich sähen sie alle gleich stachlig und nicht gerade einnehmend aus, worauf er mir einen längeren Vortrag über Rippen, Primärsprosse, Triebe, Areolen, Cephalien und Doppelcephalien hielt.

Auf dem Rückweg begegneten wir Cesare, dem Kolonialwarenhändler, der gleichfalls über Erfahrung mit Wasser verfügte und sofort mitkam, und vor dem Circolo stießen wir auf Serafino. Ein Gläschen Grappa schwenkend, gab er ein paar im Schatten der Kastanien neben dem Haus dösenden Gästen eben einen erschöpfenden, wenn auch durch leichte sprachliche Hemmnisse behinderten Überblick über den derzeitigen Stand der Weltpolitik, und obwohl er noch einen Eilbrief und zwei Telegramme in der Tasche hatte, erklärte er sich hilfsbereit willens, uns seine eigenen Wassererfahrungen nutzbar zu machen, eine Erklärung, die allgemein Erstaunen hervorrief, denn kein Mensch hatte ihn je mit anderen Flüssigkeiten als mit alkoholischen Erfahrungen sammeln sehen.

Zu sechst – zwei der Circolo-Gäste hatten sich in der Hoffnung auf eine unterhaltsame Unterbrechung des träge sich dehnenden Nachmittags ebenfalls angeschlossen – langten wir schließlich am Brunnenhäuschen an, das einer nach dem andern betrat, um eine Weile tiefsinnig in den Schacht hinunterzustarren. Die Draußengebliebenen sahen aus, als ständen sie vor einem öffentlichen Bedürfnishäuschen Schlange. Hinterher unterhielten sie sich aufgeregt und so fix miteinander, daß ich kein Wort verstand. Was sie da redeten, fragte ich Jakob.

Sie seien einstimmig der Meinung, erklärte er, daß kein Wasser mehr im Brunnen sei.

Das hätten wir auch schon gemerkt, erwiderte ich. Ob sie wüßten, woran es läge, und ob es schnell behoben werden könne?

Er verdolmetschte es ihnen, worauf sie zu viert bedächtig die Köpfe wiegten, um darzutun, daß diese Frage eine sehr heikle Frage sei und daß sie erhebliche Zweifel hegten, wie weit ein Außenstehender, einer, der mit den Geheimnissen der Natur und ihrer Elemente nicht auf so vertrautem Fuße lebe wie sie, überhaupt ihren Gedanken zu folgen vermöge. Dann hob die aufgeregte Diskussion von neuem an, zwischendurch trat immer mal einer ins Brunnenhäuschen, um einen Blick in den Schacht zu werfen, und kehrte mit neuen Argumenten und gesteigerter Debattierlust zurück, und schließlich teilte mir Cesare als Ergebnis ihrer Beratung mit, daß man vermutlich nichts machen könne, da die Quelle vertrocknet sei. „Seccata, comprende?“

„Aber das ist doch ausgeschlossen!“ entrüstete sich Julia. „Egidio hat uns gesagt, die Quelle sei echt.“

Jetzt mischte sich Serafino ein. Mit der Echtheit einer

Quelle sei das so eine Sache, erklärte er mit glasigem Blick. Entweder sei sie ganz echt, oder sie sei's eben nicht. Ob sie aber ganz echt sei, wisse man erst, wenn sich herausgestellt habe, daß sie es sei. Jahre könne das dauern. Anderenfalls sei sie eben nicht ganz echt, sondern nur halb, beziehungsweise ...

Seine reichlich mit Grappa angefeuchtete Beredsamkeit verhedderte sich, und er rettete sich mit kühnem Sprung in die Feststellung, es habe eben vier Monate kaum geregnet, und die meisten Pozzi, die meisten Brunnen in der ganzen Umgebung seien gleichfalls seccati.

Das tröstete uns nicht. Der Mensch ist nun mal so eingerichtet, daß ihn die Brunnen der andern ziemlich gleichgültig lassen, sofern nur der eigene seine Schuldigkeit tut. Sein Gemeinsinn erblüht erst, wenn's der eigene nicht mehr tut, der seines Nachbarn jedoch unverdientermaßen noch sprudelt. Warum soll's der andere besser haben als ich?

Das etwa war die Stimmung, in der uns unsere freiwilligen Helfer verließen: mit bedauerndem Achselzucken, bekümmerten Blicken, herzlich-tröstendem Lächeln, aber im ganzen tief befriedigt. Nur Jakob blieb zurück, und nachdem er selber noch ein Weilchen in den Brunnen gestarrt hatte, förderte er die Idee zutage, daß es sicherlich am besten sei, einen Fachmann zu Rate zu ziehen. Den Radiestesista zum Beispiel, den Wassersucher.

„Den mit den Hämorrhoiden?“ fragte Julia zweifelnd.

Eben den. Der könne uns ganz bestimmt verläßliche Auskunft über die Echtheit der Quelle geben. Er werde ihn sofort bestellen.

Die Kunde von unserem Ungemach mußte auf den geheimnisvollen Kommunikationswegen ländlicher Gemeinden, die es an Schnelligkeit mit den modernsten Mitteln der Technik aufnehmen können, zu Egidios Ohren gedrungen sein, denn eine knappe Stunde später schob er schwitzend, keuchend und vor Entrüstung bebend ein klappriges Fahrrad den Weg zum Haus herauf und beschwor uns, den blödsinnigen Behauptungen irgendwelcher Dorftrottel und Ignoranten keinen Glauben zu schenken. Er habe uns mit dem Haus eine echte Quelle verkauft, und er stehe unerschütterlich zu seiner Verantwortung.

„Aber sie fließt doch nicht!“ warf Julia ein.

Einen Moment starrte er sie mit wundem Blick an, in dem die Frage stand, was die belanglose Tatsache des Nichtfließens schon neben dem Wort eines zu seiner Verantwortung stehenden Ehrenmannes zu bedeuten habe, und erklärte uns, dann müsse es eben an etwas anderem liegen.

„Giebt vielerr Grinde. Iiisch werrden finden. Pozzo iist gutt, iimmerr gutt seit vielerr Jahre. Sie werrden sehen."

Damit stob er, von seinem eigenen beträchtlichen Schwergewicht vorangetrieben, unter Mißachtung der Treppe schräg den Abhang hinunter, eine kugelige Gestalt in leicht angeschmuddelter weißer Leinenjacke, die vermuten ließ, daß er mitten aus seinen Berufsobliegenheiten aufgebrochen war, um seine bedrohte Ehre zu retten.

Wir sahen hinter ihm her, und dann meinte Julia, es sei besser, ich sähe nach, was er da triebe. Wenn er reinfiele, wäre der Pozzo sicher noch verstopfter als jetzt.

Tatsächlich hing er halb im Schacht, als ich durch die Tür lugte, und stocherte mit einem Drahtende in der Röhre. Er wehrte sich strampelnd gegen meine Versuche, ihn hochzuziehen, und erst als ich ihm sagte, das Stochern führe doch zu nichts und wir hätten schon einen Wassersucher bestellt, rappelte er sich wütend und hochrot auf.

„Etwa diese Mann von Ihre Frönnd?" brüllte er. „Diese ciarlatano?! Err niiischts wissen. Niischt soviel wie Schmutz unter Naggel von kleine Fingger. Alle Löite nur sind gläubig, er wissen, weil er fährt spazier mit macchina und Chauffeur. Wenn schon, dann einerr, der kennt Gewohnheit von Wasserr wie eigener Tasche!"

Er drängte sich stürmisch an mir vorbei, drehte sich aber noch einmal um, bevor er den Abhang erklomm, und schrie zurück:

„Iisch stehen ssu meine Verantwortung!"

„Hoffentlich steht er noch recht lange. Er sieht mir bedenklich nach Schlaganfall aus", bemerkte Julia, als ich bei ihr anlangte.

Inzwischen hatte ich reichlich Gelegenheit, mich über die Quantität Wasser zu verwundern, deren der Kulturmensch selbst bei sparsamstem Verbrauch zum Dasein bedarf. Ich hatte es nämlich mittels anstrengender Fußmärsche in zwei Eimern von der eine Viertelstunde entfernten Quelle im Wald zu holen. Das Wasser dieser Quelle galt zwar als ganz besonders gesund, aber so gesund konnte es gar nicht sein, daß es die gesundheitlichen Schäden des dauernden Schleppens hätte ausgleichen können.

Ein Hohlweg führte von uns aus hin, in dem es zu jeder Tageszeit von Mückenschwärmen wimmelte, die sich erfreut auf die unverhofft daherwandelnde Mahlzeit stürzten. Beim Hinweg ging's noch – ich nahm die leeren Eimer in eine Hand und wedelte und klatschte mit der anderen –, aber beim Rückweg hatte ich nichts zum Wedeln frei. Sie schienen es zu wissen und waren nicht schüchtern. Ich suchte mir durch eine Art Veitstanz zu helfen, der aber nur zur Folge hatte, daß das Wasser aus den Eimern schwappte und ich mit halbleeren Eimern bei Julia eintraf.

Um mich besser für meine Aufgabe zu rüsten und die Wasserholtour effektiver zu gestalten, schmierte sie mich mit einem bräunlichen, gräßlich stinkenden Antimückenextrakt mit garantierter Wirksamkeit ein, aber entweder hatten die Mücken Stockschnupfen oder das richtige Etikett war irrtümlicherweise auf eine Flasche mit einem Appetitanregungsmittel für Mücken geraten, jedenfalls schienen sie sich von nun an mit noch größerer Inbrunst auf mich zu stürzen, während ich mich, vom Gestank halb betäubt, unter epileptischen Zuckungen mit schwappenden Eimern durch den Hohlweg ins Freie kämpfte.

Der einzige Erfolg war, daß ich mich nirgends mehr blicken lassen konnte und daß selbst Julia mich fortan weder bei Tag noch bei Nacht in ihrer Nähe dulden wollte, weil der Gestank noch anhänglicher als die Mücken war.

Im übrigen war es nicht das einzige Malheur, das unsere Wasserlosigkeit zur Folge hatte. Erwähnte ich schon, daß Julia an Phantasieüberschuß litt? Wie ich aus verbürgter Quelle weiß, soll sie es schon in ihren Mädchenjahren mit allen möglichen eingebildeten Ängsten, vor allem vor Einbrechern und Feuersbrünsten, zu tun gehabt haben. Infolgedessen hatte sie sich stets in dem nervenaufreibenden Zwiespalt befunden, ob sie ihre Zimmertür nächtens vor Einbrechern verriegeln oder für den Fall einer jäh ausbrechenden Feuersbrunst zwecks schnellen Entweichens sperrangelweit offenlassen sollte. Da es keine rechte Möglichkeit gab, das eine mit dem andern zu vereinen, hatte sie einen um den andern Tag zugeriegelt beziehungsweise offengelassen und stets in der Besorgnis gelebt, ob sich Einbrecher oder Feuersbrunst auch an ihre Einteilung halten würden.

Seit unserer Heirat zeigten sich solche Anwandlungen seltener – vermutlich sah sie in mir vertrauensvoll einen Schutz gegen beides –, aber die Vorstellung, kein Wasser im Hause zu haben, brachte ihre Feuersangst doch wieder zum Vorschein.

Mehrmals wurde ich nachts mit der bebenden Frage wachgerüttelt:

„Sag mal, riechst du nichts?“

„Wonach soll's denn riechen?“ erkundigte ich mich ungehalten.

„Kokelig. Als ob was brennt.“

„Ich riech' nichts. Jedenfalls nichts Kokeliges. Warum soll's denn plötzlich brennen?“

„Weiß ich nicht. Aber es könnte doch.“

Sie schnupperte ängstlich ins Dunkel, ihre schmale Hand kroch schutzsuchend in meine, und gerührt stand ich auf, ging männlich beruhigend mit ihr durchs Haus wie mit einem von Traumgespenstern verschreckten Kind und öffnete alle Türen, um ihr zu zeigen, daß es nirgendwo brannte.

„Und auf dem Boden?“ fragte sie zum Schluß.

„Auf dem Boden kann's nicht brennen“, erklärte ich fest.

„Es brennt meistens auf Böden. Bei Großvater hat's auch mal auf dem Boden gebrannt. Und vorhin hat's über mir ganz deutlich geknistert.“

Seufzend holte ich auch noch die Leiter aus der Garage, kletterte rauf, warf einen Blick in die Luke, ließ sie gleichfalls klettern, und als sie sich überzeugt hatte, daß das Knistern, falls es überhaupt außerhalb ihrer Phantasie geknistert hatte, nicht von dort gekommen war, fing ich sie in meinen Armen auf, weil sie sich in ihrem dünnen Nachthemd so hübsch anfühlte und weil sie sich mit ihren bloßen Füßen auf dem Zement der Terrasse nicht erkälten sollte, und trug sie ins Bett. Das heißt, ich wollte sie tragen, von zärtlichen Gefühlen bewegt, aber sie sträubte sich plötzlich, sträubte sich so energisch, daß ich sie vor ihrer Zimmertür loslassen mußte.

„Nein, wirklich“, sagte sie, „es riecht zu schrecklich!“

„Aber du hast doch gesehen, daß es nicht brennt.“

„Nicht danach. Nach dem gräßlichen Mückenzeug.

Bleib mir bloß aus dem Zimmer. Und schaff bitte die Leiter weg. Leitern an Häusern ziehen Einbrecher an."

Es war ziemlich enervierend.

Aber die schlimmste Nervenprobe sollte noch kommen. Sie bestand darin, daß zwei Wassersucher kamen statt einem – der von Jakob bestellte und der von Egidio versprochene, der „Gewohnheit von Wasserr kannte wie eigener Tasche" – und beide auch noch zu gleicher Zeit. Und daß beide nicht nur Konkurrenten, sondern auch noch miteinander verfeindet waren.

Der Anlaß dieser Verfeindung lag im Dunkel ihrer privaten Vergangenheiten verborgen, doch die Verfeindung selbst trat unübersehbar gegenwärtig zutage. Sie äußerte sich darin, daß zunächst jeder so tat, als sei der andere nicht vorhanden.

Wir hatten uns interessehalber das Wassersuchen unten eigentlich ansehen wollen, aber als nach dem ersten, von Egidio geleitet, überraschend auch noch der zweite erschien, hatte Julia erklärt, daß sie sich nach den Strapazen der letzten Tage und Nächte nicht in der Lage fühle, auch noch aus nächster Nähe einem Mord beizuwohnen. Infolgedessen sahen wir von der oberen Terrasse aus zu, wie sie sich gegenseitig ignorierten.

„Von hier aus können wir wenigstens kein Blut sehen", meinte Julia befriedigt. „Guck doch, man braucht sie nur zu beobachten, um zu merken, daß sie was im Schilde führen."

Ich fand ihre makabren Vorstellungen übertrieben. Vorläufig sah es eher fast komisch aus, wie sie da unten mit ihren Ruten durchs Gras schritten und dabei den Eindruck zu erwecken suchten, als seien sie allein auf der Welt. Jakobs Wassersucher, der mit macchina und Chauffeur, ein kleiner, dicker, salbungsvoller Mann im grauen, säuberlich gebürsteten Konfektionsanzug des Arrivierten, wandelte gemessen auf kurzen, strammen Beinchen dahin, während der andere, ein knickebeinig schlurfender, dürrer Alter mit struppigem weißem Schnauzbart und buschig gesträubten Augenbrauen, die als einziges seinen zu großen schwarzen Hut daran zu hindern schienen, noch tiefer zu rutschen, wie der Senior eines Altersheims auf Landpartie aussah. Sie hatten beide ihre Nachforschungen von den gegenüberliegenden Enden des Wiesenstreifens aufgenommen und pendelten nun langsam aneinander vorbei, der eine auf der Hecken-, der andere auf der Hangseite, ab und zu stehenbleibend, vermutlich weil ihre Ruten ausschlugen, worauf ihre Helfer eilig hinzusprangen und die Stelle mit einem Stein oder einem in den Boden gespießten Ast markierten.

Wenn überhaupt, dachte ich, drohte dem Frieden der Szene von diesen Helfern Gefahr: Egidio und einem langen, unrasierten Individuum, das in der frommen Haltung eines Akoluthen seinem Herrn eine schäbige Ledertasche mit allerlei rätselhaften Instrumenten nachtrug. Offenbar fühlten sie sich von dem Zwang zu vornehmer Zurückhaltung frei, den sich die Hauptakteure auferlegten, denn sie schleuderten sich bei jeder Gelegenheit wütende Blicke zu.

Besonders drohend mußte diese Gefahr in dem mathematisch vorausberechenbaren Augenblick werden, in dem sich die beiden Rutengänger bei ihrer systematischen Erforschung des Terrains begegnen würden. Noch schritten sie in entgegengesetzten Richtungen parallel zueinander dahin, aber bei jeder Kehrtwendung rückten sie sich auf beiden Seiten je einen halben Meter näher, und da die Entfernung zwischen ihnen nur noch knapp drei Meter betrug, mußten sie bei ungefähr gleichem Tempo spätestens nach dem dritten beiderseitigen Kehrt in eine Situation geraten, in der sie sich schlecht weiter ignorieren könnten, da sie mit den Nasen zusammenstoßen würden. Was dann passieren mochte, war nicht auszudenken. Vermutlich würde keiner von beiden freiwillig weichen, und die beiden Helfer würden herbeistürzen und von wütenden Blicken zu wütenden Tätlichkeiten übergehen, um ihren Matadoren das Recht auf unbehinderte wissenschaftliche Forschung zu erkämpfen.

Mir wurde leicht schwummerig bei diesem Gedanken, und ich teilte der fasziniert die Entwicklung der Dinge verfolgenden Julia mit, daß es vielleicht doch besser wäre, wenn ich hinunterginge, um im Falle der Fälle schlichtend bei der Hand zu sein.

„Untersteh dich!" sagte sie, ohne den Kopf zu wenden. „Du wirst nur verprügelt. Wer soll denn Wasser holen, wenn du dabei zu Schaden kommst?"

Gegen dieses Argument war beim besten Willen nichts einzuwenden, und so starrte ich immer beklommener auf das stumme Hin und Her da unten hinunter, wo Egidio und der Akoluth in Erwartung des bevorstehenden Zusammenstoßes bereits handgreifliche Absichten erkennen zu geben begannen. Bis der gefürchtete Augenblick kam und infolge einer beiderseitigen leichten Korrektur der Pendelbahnen, die verriet, daß die beiden doch nicht ganz so blind für die Schmutzkonkurrenz waren, aber vorläufig noch ruhig Blut bewahrten, sang- und klanglos vorüberging. Haarscharf zogen sie aneinander vorbei wie Kometen im Weltall, deren Aufeinanderprall eine kosmische Katastrophe hätte verursachen können, ohne Blick für den andern, scheinbar völlig in sich versunken, jeder in seine private Kommunikation mit den geheimnisvollen Kräften der Unterwelt vertieft.

Mit einem peinlich lauten Zischen entfuhr mir die gespannt angehaltene Luft, und Julia murmelte zu meiner Verblüffung in heiterer Anerkennung: „Diese verflixten Schlaumeier!"

Offenbar hatten wir die Dinge von zwei verschiedenen Seiten betrachtet.

Immerhin war mir klar, daß das Damoklesschwert weiterhin über unsern Häuptern hing und daß der Zusammenstoß nur aufgeschoben war. Was sie da unten auch trieben – von unserem erhöhten Blickpunkt sah es aus, als hätten sie mit ihren Steinen und Stöcken eine ziemlich gerade vom Hang zur Hecke verlaufende Linie, vermutlich eine unterirdische Wasserader, abgesteckt, die sich in der Nähe des Brunnenhäuschens gabelte –, auf alle Fälle mußte das Häuschen ihr gemeinsames Endziel sein, von dem aus allein das endgültige Verdikt über Echtheit oder Unechtheit unserer Quelle gesprochen werden konnte. Wer es zuerst erreichte, hatte das moralische Plus für sich, weiterhin die Konkurrenz ignorieren und sich in der Enge des Kabüschens in aller Ruhe sein Urteil bilden zu können, während der andere vor der Tür ungeduldig von einem Fuß auf den andern treten und dabei ziemlich lächerlich aussehen würde.

Auf dem Wege zum moralischen Plus befand sich Jakobs Wassersucher infolge eines strategischen Initialfehlers in ungünstigerer Position. Er hatte einfach auf der falschen Seite angefangen, und falls er seinen Pendelgang zu Ende führte, würde er genau am entgegengesetzten Ende des Wiesenstreifens angelangt sein, wenn das alte Knickebein schon am Brunnenhäuschen stand.

Trotz seiner wissenschaftlichen Versunkenheit war ihm

dieser Nachteil offenbar aufgegangen, denn er begann plötzlich schneller auszuschreiten und schließlich, als der Alte ebenfalls schneller zu schlurfen anhob, seine strammen Beinchen in Trab zu setzen. Der Alte dachte gar nicht daran, sich so leicht geschlagen zu geben, humpelte und schlurfte noch fixer, kam aber doch nicht rasch genug voran, um verhindern zu können, daß der kleine Dicke, der mindestens zwanzig Jahre jünger war, bei der letzten Kehrtwendung mit ihm gleichzog. Das Komischste bei der Sache war, daß sie taten, als sei diese unziemliche Eile ganz in der Ordnung, als sei ganz und gar nichts dabei zu finden, daß sie untenrum schlurften und trabten, wenn sie nur obenrum die gesammelte Haltung wissenschaftlicher Würde beibehielten, was ihnen einigermaßen gelang. Es sah fast so aus, als ob sie vom Hosenbund aufwärts nicht wüßten, was die Beine unten anstellten.

Von der letzten Kehrtwendung an wurde das allerdings anders, wenigstens auf seiten des Alten. Er merkte natürlich, daß er mit der Konkurrenz nicht mithalten konnte, und begann auch obenrum sportlichen Ehrgeiz zu zeigen. Er ruderte mit den Armen, schob fluchend den dauernd über die Augenbrauen rutschenden Hut zurück und ächzte und keuchte wie eine altertümliche Lokomotive. Trotzdem ließ sich nicht übersehen, daß er hoffnungslos in Rückstand geriet und zweifellos als letzter am Brunnenhäuschen einlaufen würde, falls seinen Konkurrenten nicht vorher der Schlag ereilte, eine Möglichkeit, die dessen vorquellende Augen und beängstigend blaurot angelaufenes Gesicht tröstlich nahebrachte.

Egidio schien ihr jedoch nicht genügend zu trauen, und als selbst anfeuernde Zurufe das Tempo des Alten nicht nennenswert zu beschleunigen vermochten, stürzte er wutentbrannt zum Brunnenhäuschen, um dem Sieger den Eintritt zu verwehren. Der Akoluth stürzte ihm sofort nach, um ihn wegzuzerren, und im nächsten Augenblick hallte wüstes Geschimpfe zu uns herauf, das in Handgemenge überzugehen drohte.

Diese Aussicht jagte mich trotz Julias Protestrufen zu guter Letzt doch noch den Hang hinunter. Immerhin war ich Besitzer des Grundstücks und deshalb für alles verantwortlich, was auf ihm geschah, und außerdem verhalf es uns nicht zu Wasser, wenn sie sich gegenseitig umbrachten.

Während des stürmischen Abstiegs verlor ich die Entwicklung der Dinge vorübergehend aus den Augen, weil ich auf meine Füße achten mußte, und als ich unten anlangte, war das Handgemenge schon in vollem Gange. Egidio und sein Widersacher waren in eine laokoonische Gruppe verstrickt, die sich knurrend und grunzend vor dem Brunnenhäuschen hin und her schob, während der dicke Wassersucher aufgeregt drumherum sprang und die Tür zu erreichen suchte. Jedesmal, wenn er sie fast erreicht hatte, wogte die Gruppe zurück oder ein Bein oder Arm schoß heraus, worauf der Mann der Wissenschaft erschrocken zurückfuhr, um nicht in eine so ungeistige Auseinandersetzung hineingezogen zu werden. Schließlich gelang es dem Akoluthen, sich für einen Moment aus Egidios Umklammerung zu befreien, seinen Gegner in Verkennung des Kampfziels ins Brunnenhäuschen zu befördern, um ihn erst einmal loszuwerden, und die Tür krachend hinter ihm zuzuschlagen. Triumphierend grinsend, stemmte er sich mit dem Rücken dagegen, während sein Herr ihm vergeblich klarzumachen suchte, daß Egidio dort am falschen Platze sei, da er selbst erst seine Untersuchungen abschließen müsse, um dem signore tedesco, dem deutschen Herrn, verläßlich mitteilen zu können, daß seine Quelle unecht und der Brunnen falsch angelegt sei, daß er dort drüben über der echten Quelle gegraben werden müsse.

Der Alte war inzwischen zu Atem gekommen und hielt es angesichts einer so eklatanten wissenschaftlichen Fehldiagnose für an der Zeit, den Gegner auch offiziell zur Kenntnis zu nehmen. Mit schrill keckernder Greisenstimme versicherte er, nur ein absoluter Ignorant könne derartigen Unsinn von sich geben. Die Quelle sei echt!

„Unecht!" kreischte der andere.

„Echt!" zeterte der Alte.

Und die ganze Zeit über tobte Egidio wie ein Berserker im Brunnenhäuschen, stieß fürchterliche Drohungen aus und untermalte die hitzige Diskussion mit immer wütenderem dröhnendem Bummern gegen die Brettertür. Auf dem Höhepunkt des Krachs brachte er den Akoluthen durch einen unerwarteten Ansturm gegen die Tür fast zu Fall, gleich darauf jedoch ertönte von innen ein Schrei, ein Poltern folgte, und im jäh ausbrechenden erschrockenen Schweigen vernahmen wir etwas, was wir seit drei Tagen nicht mehr gehört hatten: ein zaghaft anhebendes, zuerst tröpfelndes, dann kühl-silbrig perlendes Plätschern ...

Einen Augenblick standen wir starr, dann stieß ich den verblüfft glotzenden Akoluthen beiseite, riß die Tür auf – und entdeckte Egidio im Brunnenschacht. Er mußte rücklings hineingefallen sein, die Füße in erstaunlich großen Sandalen und giftgrünen Socken ragten oben heraus, mit dem Rücken preßte er sich gegen die hintere Wand des Schachts, und der ganze Körper hing an der einen Hand, die sich krampfhaft um das aus der Wand ragende Rohr klammerte. Aus diesem Rohr aber plätscherte eine bräunliche, von kleinen Erdklümpchen durchsetzte, unappetitliche Flüssigkeit auf Egidios fettes, breit grienendes Gesicht herab, sickerte durch die

Fältchen, ergoß sich über das gestärkt wie ein Maikäferflügel abgespreizte Vorhemdchen, rieselte ihm über den Bauch und in die Taschen seines Leinenjacketts, überall erdige Spuren hinterlassend, und tropfte aus dem Hosenboden wieder heraus.

„Was iisch 'aben gesagt!" keuchte er trotz seiner Lage beglückt. „Fonte iist gutt, gutt wie Unterschriift von Banca d'Italia. Iisch stehen ssu meine Verantwortung."

Damit sperrte er den Mund auf, stülpte die Lippen vor wie ein Fliegen jagender Frosch, fing den inzwischen schon klarer gewordenen Wasserstrahl auf und spuckte das Wasser in hohem Bogen wieder aus, zum Verwechseln einem der dicken, wasserspeienden Fontänen-Putti eines Barockbrunnens ähnlich.

Während sein Zeug in der Sonne trocknete, saßen wir mit Julia, dem Alten und einer angenehm kühlen Flasche Soave noch ein Weilchen auf der Terrasse, und Egidio, der in meinem Bademantel wie ein pensionierter römischer Senator aussah, erzählte uns, daß unsere Quelle, wie er immer behauptet habe, nicht versiegt, sondern allenfalls durch einen Erdklumpen verstopft gewesen sei. Bei seinem Sturz in den Brunnen – zu seinem zweiten Ansturm auf die Tür habe er unvorsichtigerweise zu weit ausgeholt und sei dabei über den Schachtrand gefallen – habe er gerade noch rechtzeitig das Rohr erwischt, und die Erschütterung des Rohrs müsse die Verstopfung beseitigt haben.

Wieso der andere Wassersucher dann das Gegenteil habe behaupten können, erkundigte ich mich.

„Iidiott!" erklärte Egidio peremptorisch. „Totalmente verruckt!"

Da der Alte mit den buschigen Augenbrauen Neugier signalisierte, gab er ihm meine Erkundigung weiter. Sie unterhielten sich eine Weile schnell und unverständlich in Dialekt, dann wandte sich Egidio wieder achselzukkend an uns.

„Err sagen, niischt ganz Iidiott, nur größer 'älfte. Wasserrlauf auf andere Seite bestimmt più forte, mehr stark. Diese von Pozzo nur – wie sagt man? – kleine Abzweig von große, aberr geniegt fier 'aus und Kieche und baden in Wanne. Wasserrlauf drieben reicherlich genug für Bassin zu schwimmen."

Ich hoffte, Julia hätte es nicht gehört, aber man konnte sicher sei, daß sie alles hörte, was sie nicht sollte, und selten hörte, was sie sollte. Ein Schwimm- oder wenigstens ein Planschbecken im Garten war einer ihrer besonders zärtlich gehegten Träume, und Photos in Illustrierten und Zeitschriften für kultiviertes Wohnen, auf denen Swimming-pools abgebildet waren, betrachtete sie besonders lange und blätterte immer erst mit einem kleinen elegischen Seufzer weiter.

„Oh, Tommy!" flüsterte sie mit strahlenden Augen.

„Sei nicht albern", wies ich sie ab. „Vor einer Stunde wärst du noch für ein Glas Wasser aus der Leitung dankbar gewesen, und jetzt brauchst du schon ein paar Hektoliter zum Schwimmen." Und kopfschüttelnd zu Egidio: „So sind die Frauen."

Er hob sein Glas und prostete ihr zu.

„Ecco", murmelte er verschmitzt. „Deshalb wir auch ihnen gewaltig libben."

Und dann gingen wir ins Haus, drehten alle Hähne auf, zwei in der Küche und drei im Bad, und lauschten begeistert auf das Plätschern, Gurgeln und Rauschen, das uns mitten in der Hitze des Tages mit einem Hauch sprühender Kühle umgab, als ständen wir unter einem Wasserfall. Später drehten wir sie wieder zu, aber den ganzen Abend über schlichen wir uns abwechselnd in die Küche oder ins Bad und drehten den einen oder anderen ein klein bißchen auf, um zu sehen, ob sie noch liefen. Sie taten uns immer den Gefallen.

Ich lag schon im Bett, als Julia zum Gutenachtsagen hereinkam und mich fragte, wann wir denn nun zu dem Mann gingen, der uns das neue Schwimmbassin bauen und an die stärkere Wasserader anschließen könne.

„Niemals!“ erklärte ich fest. „Nur über meine Leiche.“

Infolgedessen fuhren wir am folgenden Morgen gleich nach dem Frühstück los, um Egidio nach einem solchen Mann zu fragen.

8. Kapitel

Besuch macht Freude

Freddys und Lillis Putzfrau Laetitia kam jeden Tag außer sonntags zweimal auf der Straße bei uns vorbei, einmal am frühen oder späten Vormittag, je nachdem, wann sie ihren Dienst antrat, und zum zweitenmal um die nachmittägliche Teezeit, wenn sie mit ihren Verrichtungen fertig war. Sie war einschließlich des eng um ihr dickes, häßliches, gutmütiges Gesicht geknoteten Kopftuchs völlig schwarz gekleidet, und wer sie mit ihrem erstaunlichen Leibesumfang schnaufend daherwatscheln sah, hätte nie für möglich gehalten, wie behende sie sich auf ihren stämmigen Beinen tummeln konnte. Wir hatten sie anfangs für um die Fünfzig gehalten, aber Freddy erzählte uns, daß sie knapp vierzig sei, eine Behauptung, die allenfalls durch ihre munteren, neugierig umherhuschenden jettschwarzen Äuglein belegt wurde.

Jedesmal, wenn sie bei uns vorbeikam, vom ersten Tag an, blieb sie zum Verschnaufen ein wenig stehen, lehnte sich schwer gegen die Mauer, suchte einen Blick durchs Küchenfenster zu werfen, musterte das Haus, die kugelrund geschnittenen Buchsbäumchen und was es sonst noch an Interessantem zu sehen gab, murmelte irgendwas vor sich hin und watschelte zögernd weiter. Es war nicht zu übersehen, daß ihre Neugier, herauszukriegen, wer und was wir seien, und der Drang, die Einzelheiten, die sie über uns aufgeschnappt hatte, durch persönliche Fühlungnahme abzurunden, ihr keine Ruhe ließen.

Manchmal sah sie einen von uns unten im Garten und

schrie mit ihrer rauhen Trompetenstimme einen Gruß herunter, aber wir antworteten ihr immer nur ziemlich wortkarg, um ihr auch bei großzügigster Auslegung keinen Anlaß zu der Vermutung zu geben, wir hätten sie etwa zum Nähertreten aufgefordert. Julia meinte, wir hätten auch ohne neue Bekanntschaften genug Unruhe im Haus.

Schließlich lernten wir uns dann doch unter ziemlich ungewöhnlichen Umständen näher kennen. Die Umstände bestanden darin, daß ich in der Badewanne unter dem erfrischenden Geriesel der Brause stand, als sie unversehens in der offenen Badezimmertür erschien. Wir hatten alle Fenster und Türen aufgerissen, um ein bißchen Zugluft ins Haus zu lassen, und sie mußte von der Terrasse reingekommen sein, ohne daß ich sie des Plätscherns wegen gehört hatte. Im Gegensatz zu mir, der ich mich hastig mit einem Handtuch drapierte, schien sie durchaus nicht geniert, verwirrt oder gar peinlich berührt, wie man hätte annehmen können, sondern benahm sich so, als finde sie es ganz in der Ordnung, beim Besuch eines fremden Hauses von einem jeglicher Hüllen baren Hausherrn begrüßt zu werden.

Um mich zu beruhigen, versicherte sie mir, sie habe schon Schlimmeres gesehen, auch dieser Anblick sei ihr nicht fremd, mit sechs Bambini zu Hause sei man nicht gänzlich unerfahren, und außerdem helfe sie gelegentlich bei dem andern signore tedesco aus, dem, der drüben in einem alten Stall voller stachliger Gewächse Bilder male – offensichtlich meinte sie Jakob – und der so zerstreut sei, daß er hin und wieder vergesse, sich anzuziehen, und splitternackt, wie ihn der Herrgott geschaffen habe, im Haus und auf seiner Wiese herumlaufe, bis er in seiner Hosentasche nach etwas suche und auf diese Weise merke, daß er gar keine Hosen trüge.

Sie schüttete sich herzlich und gutmütig über soviel staunenswerte Vergeßlichkeit aus, was ihren gewaltigen Busen in wogende Bewegung brachte und Julia anlockte, die auf der schattigen Terrasse unter dem Haus ihr Mittagsschläfchen gehalten hatte und nun überrascht unser seltsames Grüppchen und die Pfützen um meine Füße betrachtete.

Ich benutzte ihr Auftauchen, um schleunigst zu verschwinden, und bevor die Tür hinter mir zufiel, hörte ich noch, daß sie Julia zu einem so stattlichen Ehemann beglückwünschte und sich erkundigte, wieviel Kinder sie habe. Das weitere Gespräch drang nur noch als Gemurmel zu mir, ein endlos anhaltendes, gelegentlich von Laetitias rauhem Gelächter und Julias Kichern unterbrochenes Gemurmel, dem immerhin zu entnehmen war, wie gut sie sich verstanden.

Als sie sich endlich schnaufend davonmachte, fand ich eine leere Kaffeekanne und zwei benutzte Tassen auf dem Tisch und erfuhr, daß sie eigentlich nur für einen Moment gekommen war, um einen Auftrag von Lilli auszurichten. Ob wir für ein paar Stunden unsere Kaffeemühle entbehren könnten, ihre sei kaputt.

Julia fuhr fort: „Übrigens war sie ziemlich unzufrieden mit dir."

„Mir kam's vorhin nicht so vor", bemerkte ich bescheiden.

„Spreiz dich nicht so eitel!" sagte sie. „Das war nur ihr erster flüchtiger Eindruck. Du hast ja auch keine Mühe gescheut, dich ihr so vorteilhaft wie nur möglich zu präsentieren. Als du dann raus warst, zeigte sie sich sehr überrascht, daß wir keine Kinder haben. Sie fragte mich, ob sie mal unter vier Augen mit dir reden sollte. Junge Ehemänner, meinte sie, seien manchmal erstaunlich unwissend."

„Du hast ihr doch hoffentlich Bescheid gestoßen.“

„Ich hab’ gesagt, ich sei entzückt.“ Julia schlug schamhaft die Augen nieder, während sie die Tassen zusammenstellte. „Ich hätte auch den Eindruck, daß du ein bißchen Nachhilfeunterricht brauchen könntest.“

Das ging zu weit. „Mit der werde *ich* mal unter vier Augen ein paar passende Wörtchen reden!“

„Tu das“, sagte sie heiter. „Ich fürchte nur, du wirst gar nicht zu Wörtchen kommen.“

Laetitia erschien von da an häufiger, auch ohne besonderen Auftrag, und ich vermied aus begreiflichen Gründen, mit ihr allein zu sein. Nachdem sie bei den ersten Malen noch ihren heiseren „Permesso“-Ruf hatte erschallen lassen, bevor sie oben durchs Tor gewatschelt war, schien sie der Ansicht, den Erfordernissen des Anstands sei damit hinreichend Genüge getan, und tauchte von da an ohne jede Ankündigung mit einem breiten Grienen auf ihrem braunen, lederigen, schnurrbärtigen Gesicht auf, das ihre tiefe Überzeugung verriet, bei uns zu jeder Stunde hochwillkommen zu sein.

Daß Julia ihre anfängliche Ablehnung Laetitia gegenüber aufgegeben hatte, lag hauptsächlich daran, daß sie sich wieder einmal mitten in einer ihrer flüchtigen Anwandlungen emsigen Italienisch-Studiums befand. Da sie ihrem Vorsatz allein nie traute und immer eine besondere Anregung brauchte, hatte sie sich zu ihrem Lehrbuch einen Sprachkursus auf Schallplatten erstanden, aber irgendwie litt sie unter dem Gefühl, daß beides ihren Lerneifer nicht genügend unterstützte. Das Lehrbuch forderte von ihr, an irgendwelche nicht vorhandenen Leute, die sie mit „Caro Emilio“ oder „Carissima Anna-

Maria" anzureden hatte, italienische Briefe zu schreiben, und da sie schon auf deutsch und an leiblich vorhandene Leute höchst ungern schrieb, schien es ihr ein reichlich unbilliges Verlangen.

Auf den Platten wiederum drehte es sich ihrer Meinung nach um völlig überflüssige Dinge wie Zimmermieten im Hotel (das machte immer ich, und außerdem hatten wir ein Haus, brauchten also kein Hotel) und Fahrkartenkaufen (wir hatten ein Auto), und zudem liefen ihr die Platten zu schnell, und sie kam den Sprechern nicht nach und konnte sie weder um Wiederholung noch um nähere Erklärungen bitten, was alles bei Laetitia möglich war. Nur abstellen konnte sie Laetitia nicht. Trotzdem sei es immer noch die beste Methode, einfach mit irgend jemand zu reden, erklärte sie mir. Selbst wenn man ihn anfangs nicht oder nur halb oder noch weniger als halb verstünde, höre man sich auf die Dauer in den Klang der fremden Sprache ein, und irgendwas bleibe immer hängen.

Laetitia unterzog sich dieser Aufgabe mit beachtlichem Eifer, schien aber weniger eine Anhängerin des Erklärens und Unterhaltens als des Selberredens zu sein. Jedenfalls ließ sie Julia nach schwachen Ansätzen zu beiderseitigem Geplauder immer weniger zu Worte kommen, während wir am Steintisch auf der unteren Terrasse Tee- und Kaffeestündchen hielten.

Ihr Monolog drehte sich zuerst meist um Klatsch aus dem Dorf (dabei waren noch Zwischenfragen erlaubt), wandte sich sodann den reichlich verwickelten Verhältnissen ihrer Familie und weitverzweigten Verwandtschaft zu, in der ständig Babys geboren zu werden und irgendwelche Angehörigen unter dunklen, geheimnisumwitterten, stets dramatischen Begleitumständen das Zeitliche zu segnen schienen, und landete schließlich unweigerlich bei einer gründlichen Bestandsaufnahme ihrer eigenen vielfältigen Leiden.

Gleich zu Anfang hatte sie unsern Tee mit einem Hinweis auf ihre bedrohlich anfällige Leber abgewiesen, der mir wenig überzeugend klang, da sie ihre Beredsamkeit statt dessen mit Litern extra starken Kaffees und zahlreichen eingeschobenen Gläschen Grappa in Schwung hielt. Aber ihre Leber schien vergleichsweise noch das gesündeste Organ ihres geplagten Körpers zu sein. Von den Zähnen über Schilddrüse, Herz, Magen, Galle, Milz und Darm mußte sich ihren von düsterem Triumph erfüllten Schilderungen nach alles in einem Stadium vorgeschrittener Auflösung befinden, das jeden Arzt in Schrecken, Erstaunen und Bewunderung über soviel hartnäckige Zählebigkeit versetzte. Es war kaum zu begreifen, daß sich die medizinischen Fakultäten des Landes nicht um dieses einmalige Demonstrationsobjekt rissen.

„Findest du's nicht ein bißchen unappetitlich?" fragte ich Julia, als Laetitia sich nach einer besonders ausgiebigen Unterrichtsstunde auf den Heimweg gemacht hatte. „Ich weiß nicht – früher war's nachmittags immer so hübsch, aber mir schmeckt's nicht mehr, seitdem ich dauernd was von Senkfüßen und Darmverschlingungen zu hören kriege."

Julia sah zweifelnd auf ihren Notizblock, den sie mit einer stattlichen Reihe neuer Vokabeln gefüllt hatte.

„Na ja", gab sie zu, „was ich bei ihr lerne, ist vielleicht ein bißchen einseitig, und mir ist auch nicht ganz klar, wie ich alle diese scheußlichen Krankheiten in ein zwangloses gesellschaftliches Geplauder einflechten soll, aber ich denke mir, die Arme entschädigt sich durch diese makabre Glanzrolle für den ewigen Hausputz und ihren ständigen Ärger mit den Kindern. Irgendwomit will der Mensch ja glänzen."

„Aber doch nicht mit Krätze, Ohrensausen und Brechdurchfall. Mir juckt's schon die ganze Zeit so verdächtig am Rücken."

„Und außerdem", sagte Julia, meine Bemerkung vornehm übergehend, „stell dir vor, was wir sonst für einen Sprachlehrer zahlen müßten. Sie kostet uns doch keinen Pfennig."

„Wie man's nimmt", murrte ich. „Seit vorletzten Sonntag hat sie allein drei Flaschen Grappa gekippt, von den Unmengen Kaffee gar nicht zu reden."

Immerhin zerrten diese Schilderungen doch erheblich an Julias Nerven. Sie gehört – ich glaube, ich hab's schon einmal gesagt – zu den Menschen mit lebhafter Phantasie, die jedes Krankheitssymptom, wenn sie es nur eindringlich genug geschildert bekommen, alsbald bei sich zu entdecken glauben. Ich fand Julia häufiger als sonst mit einem Spiegel in der Hand, in dem sie mit weit aufgesperrtem Mund und rausgestreckter Zunge den Hintergrund ihres Schlundes nach Anzeichen bedrohlicher Rötung durchforschte. Nicht selten sprach sie von rätselhaften Druckgefühlen in der Gegend der Leber und Niere und fragte mich besorgt, ob das etwas Schlimmes zu bedeuten habe. Am Abend des Tages, an dem uns Laetitia schauderhafte Einzelheiten von ihren Asthmaanfällen berichtet hatte, verspürte sie ernstliche Atembeschwerden und flehte mich an, unbedingt meine Zimmertür während der Nacht offenzulassen und aufzupassen, daß ihr nicht etwa während des Schlafs der Atem völlig wegbliebe, um sofort Maßnahmen zu künstlicher Atmung einleiten zu können. Und einen ganzen Vormittag verbrachte sie, von Herzstichen gepeinigt, reglos ausgestreckt auf dem Liegestuhl und erging sich mit matter Stimme in düsteren Mutmaßungen über die traurige Lage, in die mich ihr frühes Hinscheiden versetzen würde.

Sicherlich würde ich dann erst merken, was ich an ihr verloren hätte.

Ich tröstete sie, indem ich beteuerte, ich wüßte es schon jetzt und sie solle sich nur keine Sorgen machen. Schlimmstenfalls würde ich wieder heiraten, schon um jemand zu haben, der mir die Knöpfe annähte.

Sie warf mir einen für ihren leidenden Zustand bemerkenswert scharfen Blick zu und lebte schneller, als zu erhoffen gewesen war, wieder auf.

Aber auch mit ihrer gutwilligen Geduld war's zu Ende, als Laetitia ein paar Tage später darauf bestand, uns ihre Krampfadern vorzuführen.

Julia erhob sich überstürzt vom Tisch, verschwand bläßlich im Haus und erklärte mir auf meine besorgte Anfrage vom Bett aus durchs Fenster, daß sie sich nicht wohl fühle und Laetitia bitten lasse, den Unterricht ein andermal fortzusetzen.

Dieses „andermal" kam jedoch nie. Während der ganzen folgenden Woche verspürte Julia um die Zeit, um die Laetitia zu erscheinen pflegte, regelmäßig den Drang, sich ein wenig in der Umgebung umzusehen, und wir machten eine Reihe hübscher Ausflüge zur anderen Seite des Sees, wo es ein paar interessante alte Kirchen mit verblaßten Fresken und feuchtkalten romanischen Krypten und ein paar ländlich-idyllische Ristorantes mit weinlaubüberrankten Vorgärten zum Erholen nach dem Kunstgenuß gab. Die Abwechslung bekam Julia glänzend, jedenfalls ließ sie nichts mehr von Herzstichen, Atembeschwerden und frühem Hinscheiden verlauten. Laetitia tauchte natürlich gelegentlich wieder auf, aber den Schilderungen ihrer Leiden fehlte irgendwie das alte Feuer. Sie mußte sich wie ein Schauspieler fühlen, dem einmal das Publikum weggeblieben war und der dessen Beständigkeit nun nicht mehr recht traut.

Ein anderer Besucher, der uns schon deshalb viel angenehmer war, weil er viel seltener in Erscheinung trat, war Signor Zanolini, der Gärtner. Wir hatten ihn kennengelernt, als wir die Gärtnerei besuchten, um uns Auskünfte über Pflanzen zu holen, die wir bei uns ansässig machen wollten. Zwei Tage darauf stand er am Tor, um zur Untermauerung seiner Ratschläge das Grundstück in Augenschein zu nehmen, die Bodenbeschaffenheit zu prüfen und sich ein Bild von den Sonnen- und Schattenverhältnissen unseres Hanges zu machen. Er war ein zierliches Männchen mit sanftem, zerstreutem Lächeln und schwarzgefärbtem Schnurrbart, dessen Enden hochgezwirbelt waren und so seinem melancholischen, spitzen Wieselgesicht einen unpassenden Ausdruck kecken Draufgängertums verliehen. Von jedweder neu zu setzenden Pflanze sprach er, als handele es sich um ein kleines Kind, das zum rechten Gedeihen individueller Behandlung, liebender Fürsorglichkeit, aber auch väterlicher Strenge bedürfe, wenn es zum Beispiel mit unnützen Trieben seine Kräfte vergeude. Er konnte sich mit stiller Begeisterung stundenlang über dieses Thema verbreiten, während er unter dem Tisch unauffällig die Füße aus den spitzen, schicken schwarzen Schuhen zog und erleichtert aufseufzend die Zehen in den bunten Nylonsocken bewegte.

In diesen Schuhen, in denen er sich so wenig zu Hause fühlte, hatten wir ihn schon zwischen seinen väterlich verwalteten Pflanzen in der Gärtnerei arbeiten sehen und uns darüber gewundert. Noch mehr gewundert hatten wir uns darüber, daß er zu diesem Zweck einen adretten braunen Anzug mit gebügelten Hosen, ein weißes Hemd mit Krawatte und auf dem Kopf einen sorgfältig gebürsteten schwarzen Hut trug. Er sah zu jeder Tageszeit aus, als hätte er sich bereits zur Ruhe gesetzt und schnippelte nur noch zum Zeitvertreib hier und da an überflüssigen Ranken herum.

Später erfuhren wir durch Egidio, daß Signor Zanolini das geduldige Opfer des Standesbewußtseins seines vor kurzem zum Kreisveterinär aufgerückten Sohnes sei. In seinem neuen Rang habe es der junge Dottore als unerträglich empfunden, sich seinen Vater in geflickten blauen Arbeitshosen und löcherigen Leinenschuhen vorzustellen. Wenn er es schon nicht lassen könne, in seiner Gärtnerei selbst mit Hand anzulegen, solle er es wenigstens in einer Aufmachung tun, die seiner Würde als Vater eines Kreisveterinarios entspreche. Seither ließ sich Signor Zanolini nur mit Hut, Kragen und spitzen Schuhen blicken, und die einzige Regung stummer Auflehnung, die je an ihm wahrgenommen wurde, äußerte sich eben, wo es sich machen ließ, in seiner klammheimlichen Flucht aus den letzteren, was ihm schon viel Ärger verursacht hatte, da ihm beim abendlichen Gläschen Wein im Circolo hartnäckige Witzbolde gelegentlich die Schuhe versteckten, so daß er, mit seinem Schicksal hadernd, in Socken nach Hause pilgern mußte.

Von ganz anderer Gemütsart war da Signor Pompiglio, der einzige Klempner in Agliano und Umgebung und der Mann, dessen handwerklichem Genie wir unser nicht funktionierendes Klo verdankten. Zum Anlaß unserer näheren Bekanntschaft wurde der Umstand, daß Julia eines Tages über den zu Spülungszwecken bereitgestellten Wassereimer stolperte, der gerade frisch bis obenhin gefüllt war und infolgedessen nicht nur das Bad, sondern auch noch den halben Wohnraum überschwemmte.

Während ich die Flut mit dem Scheuerlappen eindämmte und Julia sich das Schienbein rieb, schwor sie, daß die Schlamperei nun genug gedauert habe. Daß das Klo nie funktioniert habe, sei kein Grund, daß es auch in aller

Zukunft nicht funktioniere. Sie stamme aus einer gediegenen, ordnungsliebenden Familie, in der die Klos zu funktionieren pflegten, und wenn sie sich vorstelle, daß Mutter oder Tante Gertraud plötzlich zu Besuch kämen... Sie sah mich erblassen und fuhr rasch fort, sie kämen ja nicht, jedenfalls nicht fürs erste, aber schon die bloße Vorstellung, daß sie auf dieses Indiz beklagenswerter Lässigkeit stoßen könnten, treibe ihr kalten Schweiß aus den Poren. Ich sagte, mir genüge dazu schon die Vorstellung des bloßen Besuchs, und wenn der Eimer dazu beitrage, ihn zu vergraulen, falls aus der Annahme je schauerliche Wirklichkeit würde, könne er von mir aus noch jahrelang da stehen. Worauf sie streng erwiderte, es sähe mir wieder einmal ähnlich, mich mit albernen Scherzen dem Ernst der Lage zu entziehen. Sie jedenfalls gedächte, nachmittags nach Agliano zu fahren und den Kerl gleich mitzubringen oder zumindest zu bestellen.

Sie fuhr auch wirklich nach dem Mittagessen los und kam erst gegen Abend erschöpft zurück. Es war für mich ein erfreulich geruhsamer Nachmittag mit nur zwei Störungen gewesen – beide durch Serafino veranlaßt, der ein Telegramm bei Freddy abzuliefern hatte und auf dem Hin- und Rückweg bei mir pausierte, einmal, um sich durch ein Gläschen Ramazotti für den Rest des Anstiegs zu stärken und mir seine Besorgnis bezüglich des Kalten Krieges mitzuteilen, und das zweitemal, um mir bei einem zweiten Gläschen gewisse Maßnahmen zu erläutern, die seiner Ansicht nach zur Behebung der Krise notwendig seien und unter denen ihm auf sozialpolitischem Gebiet ein Gesetz zur Festlegung der berechtigten Trinkgeldansprüche von Posthilfsarbeitern besonders am Herzen zu liegen schien. Wie gesagt, es war ein erfreulich geruhsamer Nachmittag gewesen, und als ich

Julia aufgelöst und ziemlich mitgenommen wieder auftauchen sah, wollte mir schon das Gewissen schlagen, bis ich den Funken des Triumphs in ihren Augen gewahrte.

Es sei gar nicht leicht gewesen, den Burschen aufzutreiben, verkündete sie, während sie sich mit einem kleinen Aufseufzen neben mich setzte. Bei ihm zu Hause habe ihr seine Frau zwei Baustellen genannt, auf denen sie ihn bestimmt finden würde, aber er sei weder auf der einen noch auf der anderen gewesen, sondern im fünften der Cafés, die ihr die Maurer als Aufenthaltsmöglichkeiten genannt hätten: in der kleinen Spelunke mit dem Glasperlenvorhang gleich neben dem Ufficio in Agliano. Er habe der Fernsehübertragung eines Boxkampfs zugesehen und sei äußerst schlechter Laune gewesen, weil sein Favorit gerade zu Boden gegangen sei und offenbar Schwierigkeiten gehabt habe, wieder auf die Beine zu kommen. Der Augenblick sei zur Anknüpfung persönlicher Beziehungen denkbar ungünstig gewesen, da Pompiglios Mütze ihm fast auf der Nase gesessen habe.

Was denn die Mütze dieses Herrn mit der Angelegenheit zu tun habe, fragte ich erstaunt.

Sie warf mir einen nachsichtig-herablassenden Blick zu, als hätte ich eine nicht sehr schwerwiegende, aber doch genierliche Bildungslücke offenbart. Die Mütze sei sehr wichtig, erklärte sie. Sie zeige an, in was für einer Laune er gerade sei. Sie sei sein Stimmungsbarometer. Wenn sie ihm auf der Nase sitze, hätten ihr die Maurer erzählt, sei mit ihm überhaupt nicht zu reden. Je mehr sie aufwärts rutsche, desto umgänglicher werde er, und wenn sie auf dem Hinterkopf angelangt sei, lasse sich bei ihm alles erreichen. Sogar zur Arbeit sei er dann zu bewegen, falls sie nicht allzu beschwerlich sei.

Sie habe also ein Weilchen gewartet, und zum Glück

sei der Boxer rechtzeitig wieder hochgekommen, und zwei Runden später sei der andere umgefallen und nicht mehr rechtzeitig hochgekommen. Die Mütze habe auf Pompiglios Hinterkopf gesessen, und er habe ihr fest versprochen, morgen nachmittag zu kommen und das Klo zu reparieren.

In der Annahme, daß er sich, wenn schon an nichts anderes, so doch an den international üblichen Arbeitsschluß um fünf Uhr halten und ungefähr zwei Stunden für die Reparatur brauchen würde, standen wir am nächsten Nachmittag ab halb drei zu Signor Pompiglios Empfang bereit. Er erschien jedoch erst um sechs mit ziemlich gesenktem Mützenschirm, blühte aber ein wenig auf, als er das Kaffeegeschirr auf dem Tisch entdeckte, das Julia noch nicht abgeräumt hatte. Er nahm erfreut Platz, stellte seinen Werkzeugkasten neben sich ab und erklärte, daß es nach des Tages Last nichts Aufmunternderes gäbe als ein Täßchen Kaffee. Wir hätten es lieber gesehen, wenn er erst repariert und sich dann von des Tages Last erholt hätte, aber wir wollten ihn nicht gleich verstimmen, und Julia holte infolgedessen eine saubere Tasse.

Über den Kaffee äußerte sich Pompiglio anerkennend, und nachdem er sich eine meiner Zigaretten für Gäste dazu angesteckt, sich gemütlich zurechtgesetzt und seine Mütze ein Stückchen nach rückwärts verschoben hatte, bemerkte er, daß ihm Deutsche schon immer molto simpatico gewesen seien. Er war als Kriegsgefangener in Deutschland, in oder bei Köln, gewesen, und dieser Aufenthalt schien überraschenderweise angenehme Erinnerungen in ihm hinterlassen zu haben. Sie hatten jedoch weniger mit dem überwältigenden Kunsterlebnis des Kölner Doms zu tun, wie Julia idealistisch vermutete, als mit einer Werkskantinen-Köchin, die ihm heimlich Zigaretten und allerlei Nahrhaftes zugesteckt hatte.

Über seine Gegenleistungen bewahrte er ein diskretes Schweigen.

„Gutt Frau", sagte er nur, um uns zu zeigen, daß nicht nur sein Magen, sondern auch seine Sprachkenntnis von dieser Bekanntschaft profitiert hatte, „gutt fier alles, nur schleescht fier Spaghetti." Es schauderte ihn noch nachträglich.

Julia und mir fehlte die rechte Sammlung für das Gespräch, weil wir ungeduldig darauf warteten, daß er endlich mit der Arbeit anfangen würde, aber als ich gegen viertel acht mit gebotener Zurückhaltung das Klo ins Gespräch brachte, meinte er nur großzügig, Arbeit laufe nicht weg, und plauderte munter weiter. Erst um halb neun, als es draußen schon zu dämmern begann, sah er zerstreut auf seine Uhr, schabte sich erstaunt die Bartstoppeln, und während Julia schon einladend die Tür zum Bad aufriß, erklärte er, jetzt habe er Hunger, und zum Arbeiten sei es sowieso schon zu dunkel. Er komme morgen nachmittag wieder.

Am nächsten Tag kam er nicht – aus der Zeitung ersah ich, daß nachmittags im Fernsehen ein wichtiges Fußballmatch übertragen wurde; offenbar gingen seine sportlichen Interessen über das Boxen hinaus –, aber dafür am übernächsten.

Diesmal schritt er tatendurstig sofort ans Werk, und während er die schwarze Bakelitplatte von der rosa Kachelwand schraubte und mit seinen fetten Fingern die Apparatur dahinter prüfte, ließ er sich mißfällig und kopfschüttelnd über den Kollegen aus, der uns ein so miserables „sistema" angedreht und dazu noch solche Schluderarbeit geleistet hatte.

Er selbst habe ja das „sistema" eingebaut, bemerkte ich unvorsichtigerweise. Darauf zog er unverzüglich die Hand aus dem Loch zurück, rückte die Mütze in die

Stirn, starrte mich unter gesträubten pechschwarzen Augenbrauen düster an und erklärte, während er sich mit über die Schulter gehängtem Werkzeugkasten zum Aufbruch rüstete, daß er sich nicht beleidigen lasse. Er nicht.

In aller Eile hatte Julia im Wohnzimmer ein kleines, stimmungsvolles Stilleben zusammengestellt – eine Tasse Kaffee, ein Gläschen Grappa und die halbvolle Grappaflasche daneben –, über das sein gekränkter Blick beim Vorbeimarsch kühl hinwegstrich; aber auf der Schwelle zur Terrasse schien eine Art Spätzündung stattzufinden, denn er blieb plötzlich stehen, als sei er von der Aussicht entzückt (eine absolut alberne Vorstellung natürlich), schob die Mütze wieder ein Stückchen zurück, räusperte sich unentschlossen und drehte sich schließlich um, von dem Stilleben unwiderstehlich angezogen.

Nach dem ersten Schluck leckte er sich halb versöhnt über die Lippen und erklärte würdig, wenn er bleibe, bleibe er nur der Signora wegen. Die Signora habe ja keine Schuld. Er sei sicher, sie mißbillige, daß er unter ihrem Dach beleidigt werde, und außerdem erinnere sie ihn an die Köchin aus Köln. „Natierliisch viel jingger und 'iibscher und niischt soviel grassa", fügte er eilig hinzu und deutete einen Leibesumfang an, in den Julia viermal reingepaßt hätte, „aberr gleisch bionda e simpatica und gutte Selle."

Er setzte sich und strahlte Julia bewundernd an. Zur Arbeit fand er sich an diesem Tage zwar nicht mehr bereit, aber zum Schluß schraubte er immerhin die Bakelitplatte wieder fest und erklärte beruhigend, daß er die Kleinigkeit – „Parola d'onore!" – an einem der nächsten Tage erledigen würde.

Während sich diese nächsten Tage in die Länge zogen, rieb sich Julias Ordnungssinn unablässig an dem noch immer nicht entbehrlichen Eimer, und eines Mittags erschien sie mit einem neuen Klempner, einem verlegen grienenden jungen Mann, den sie beim Einkaufen im Nachbardorf entdeckt und gleich im Wagen mitgeschleppt hatte. Der Jüngling machte sich ungesäumt an die Arbeit, und Julia zog mich auf die Terrasse hinaus.

„Du mußt runter ins Dorf", erklärte sie hastig.

„Jetzt, wo wir gerade essen wollen? Wozu?"

„Falls Pompiglio kommt."

„Warum soll er kommen?"

„O Gott!" seufzte Julia und sandte einen Blick gen Himmel. „Er soll eben nicht kommen. Du sollst verhindern, daß er kommt. Stell dir vor, was passierte, wenn er käme und die Konkurrenz hier fände! Denk an die beiden Wassersucher! Zwei Klempner, die sich in meinem Badezimmer prügeln, ertrüge ich nicht ..."

Ich spazierte also verstimmt den Berg hinunter. Verstimmt, weil ich Hunger hatte, weil es heiß war und weil nur Julia auf die absurde Idee kommen konnte, daß Pompiglio bei dieser Hitze Arbeitslust verspüren könnte. Er saß bestimmt in einem kühlen, schattigen Winkel, verspeiste seine Pizza und würde sich hinterher zu einem Schlummerstündchen aufs Ohr legen, bis die schlimmste Hitze vorüber war, während ich ...

Das Kapellchen an der Gabelung des Weges unten zog meinen Blick auf sich. Es sah baufällig aus, aber es versprach Schatten, kühleren Schatten zwischen seinen dikken Steinmauern, als er draußen unter den Bäumen zu haben war. Infolgedessen trat ich ein. Wenn ich mich so stellte, daß ich durch die offene Tür spähen konnte, war es ein ebenso geeigneter Platz, auf jemand zu lauern, der ohnehin nicht kommen würde, wie irgendein anderer.

Der Schatten innen war wirklich kühler, dafür roch es ein wenig dumpf und modrig. Ich war noch nie in der Kapelle gewesen, und es überraschte mich, sie so verwahrlost zu finden. Ein morsches, hölzernes Bänkchen stand vor einem Altar, dessen einzigen Schmuck ein halb verdorrter Strauß Wiesenblumen in einer verrosteten Konservendose bildete. Von der Wand dahinter waren große Teile des Putzes abgebröckelt, und das Altarbild hatte beträchtlich darunter gelitten. Von der Flucht Josephs und Marias nach Ägypten, die es offenbar dargestellt hatte, war nur Joseph intakt geblieben, ein rüstiger Wandersmann mit einem derben Knotenstock in der Hand, der mit seinem stattlichen Vollbart und in seinen ausgeblaßten, wallenden Gewändern unter der Wüstenhitze sehr gelitten haben mußte. Es berührte mich sonderbar, daß ich gerade hier einen Leidensgenossen fand, den gleichfalls menschliche Unvernunft zu einer Tageszeit ins Freie getrieben hatte, die man besser im kühlsten Winkel des Hauses verbrachte, und ich setzte mich vorsichtig auf das knarrende Bänkchen, sah zu ihm auf und hoffte, daß auch er ein Kapellchen am Wege gefunden hatte. Ich wußte nicht, wie es mit Kapellen am Wüstenwegrand stand, offen gestanden hegte ich einige Zweifel in dieser Beziehung, aber dann sagte ich mir, daß er immerhin ein Heiliger gewesen sei, ein schlichter Diener des Göttlichen, reich ausgestattet mit den Gaben der Duldsamkeit und Beharrlichkeit, und daß sein hoher Auftrag ihn unempfindlich gegen die Mühsale der Unheiligen gemacht haben müsse, so daß er vielleicht gar keine schattenspendenden Kapellen brauchte. Vielleicht konnte ich, obwohl ich zu den Unheiligen zählte, dies doch von ihm lernen: daß es vernünftiger war, das Unwichtige nicht wichtig zu nehmen, das Unerfreuliche geduldig zu tragen und wacker meines Wegs zu ziehen, auch wenn die kleinen Mißhelligkeiten des Daseins mich plagten.

So lange hatte ich im Dämmerlicht zu ihm aufgeblickt, daß er mir ganz vertraut geworden war, daß Leben in ihn einzuziehen schien, leise, kaum merklich, als schritte er wirklich geduldig dahin, sanft, ausdauernd, unermüdlich, ein getreuer Hüter seiner Familie, als blinzelte er mir gar verständnisvoll und ermutigend zu, um mich in meinem Entschluß zu bestärken . . .

Dies, das Blinzeln, war das letzte, was ich sah, bevor ich auf dem morschen Bänkchen im kühlen Halbdunkel des Kapellchens entschlummerte, und als ich erwachte, fühlte ich mich erfrischt und zu guten Taten bereit.

Hinaustretend, gewahrte ich den Mönch, dem ich das Käppchen vom Kopf geworfen hatte. Er hatte keinen Anlaß, mir wohlgesonnen zu sein, aber er nickte mir im Vorbeischreiten freundlich zu, offenbar annehmend, ich hätte die Kapelle zu einer kleinen Andacht betreten. Und so unrecht hatte er schließlich damit auch nicht, wenn man es recht bedachte.

Als ich zum Haus zurückkam, war der Klempner fertig, und das Klo rauschte mir aus dem offenen Badezimmerfenster freudig entgegen. Der tüchtige Jüngling erklärte, mit dem „sistema“ sei wirklich nichts los, nur ein Idiot könne es eingebaut haben, aber wenn wir richtig auf den Knopf drückten, der die Spülung auslöste, würden wir fürs erste keine Schwierigkeiten haben. Richtig bedeutete, nicht zu sanft, aber auch nicht zu fest, weder zögernd noch stürmisch oder gar zerstreut. Der Druck müsse mit gesammelter Aufmerksamkeit, ruhig, gleichmäßig und am besten mit ausströmendem Atem betätigt werden. Andernfalls würde es die Kette innen übelnehmen, abspringen oder reißen, und er müsse von vorn anfangen.

Er machte es uns vor, und wir machten es ihm mit gesammelter Aufmerksamkeit und ausströmendem Atem nach, und zur Vermeidung von Unannehmlichkeiten schlug ich vor, eine auffällige Gebrauchsanweisung an die Kacheln zu kleben, falls wir einmal zu zerstreut seien, um an die nötige Sammlung zu denken. Der Vorschlag wurde von Julia als „eine meiner üblichen Albernheiten" bezeichnet und einstimmig von ihr abgelehnt.

Leider stellte sich heraus, daß Pompiglio sein Versprechen nicht vergessen hatte. Eines Abends war er da, stellte seinen Werkzeugkasten unternehmungslustig neben das Klo und machte sich zum zweitenmal an die Entfernung der Platte, während Julia und ich uns noch

im Stadium des Austauschs bestürzt-ratloser Blicke befanden. Schon als er mit einer Taschenlampe in die Öffnung leuchtete, trat ein leicht überraschter Ausdruck auf seine stoppligen Züge, der sich noch verstärkte, als er zu näherer Prüfung den halben Vorderarm in das „sistema" versenkte. Danach zog er den Arm wieder heraus, starrte eine ganze Weile mit gefurchter Stirn, zusammengezogenen Augenbrauen und sonstigen Anzeichen intensiver geistiger Tätigkeit verdutzt in das Loch, kratzte sich mehrmals hinterm Ohr und drückte schließlich langsam und mißtrauisch auf den Knopf, als traue er dem Frieden nicht. Als wirklich Wasser ins Becken rauschte, stierte er einen Moment betroffen hinein, kratzte sich neuerlich, nur heftiger, hinterm Ohr, offensichtlich um eine Erklärung ringend, wie etwas, das nicht funktioniert hatte, plötzlich zu funktionieren sich unterstand, ohne daß er fachmännisch nachgeholfen hatte. Plötzlich schob er seine Mütze zurück, entschlossen, jeden Versuch, das Unerklärliche zu erklären, beiseite zu lassen, und sah uns mit breitem, triumphierendem Grinsen an.

„Ecco", sagte er mit bescheidenem Stolz. „Nur ganzerr Kleinigkeit. Sistema miserablig, aberr iisch maken gutt."

Eine Rechnung aufzustellen, lehnte er ab. Die Kleinigkeit sei zu klein dafür gewesen. Im übrigen sei es Kundendienst.

Welchen Kunden er vorzüglich meinte, war seiner Blickrichtung anzusehen.

Wir hatten natürlich noch eine Menge anderer Besucher. Don Silvio, den Pfarrer, zum Beispiel, einen reizenden, schon ein wenig tatterigen, weißhaarigen alten Herrn mit rosig-verschrumpelten Apfelbäckchen, den Julia aus Gründen, die sie in der reichlich dunklen Bemerkung zusammenfaßte, man könne ja nie wissen, hatte bitten lassen, unser Haus einzusegnen. Er kam mit zwei Chorknaben, deren vorwitzige Gesichter lustig aus dem frommen weißen Spitzengeriesel ihrer Hemden lugten, und begrüßte Julia mit argwöhnischer Zurückhaltung. Offenbar hegte er den Verdacht, daß die exhibitionistischen Anwandlungen ihrer Landsmännin weiter oben am Berg eine Nationaleigenschaft der deutschen Damenwelt seien. Immerhin trug er ja die Verantwortung für ein paar unschuldige Knabenseelen.

Während er ein paar Worte mit mir plauderte, überreichte Julia jedem der Jungs ein Stück krümeligen Kuchens, den sie für den festlichen Anlaß gebacken hatte. Eine Unüberlegtheit, wie sich erwies, die die Feierlichkeit der Zeremonie beeinträchtigte, da die Jungs den Kuchen schleunigst in den Mund stopften und hinterher Schwierigkeiten hatten, die Krümel bei sich zu behalten, während sie mit vollen Backen undeutlich ihre Gebete herunterleierten.

Don Silvio fiel ihr halb ersticktes Gemurmel allmählich auf, und nachdem er sich mittels eines strengen Blicks über die auf die Nase gerutschte Nickelbrille der Ursache versichert hatte, legte er gutmütig eine Pause ein, bis sie mit Kauen und Schlucken fertig waren. Später erklärte er mir, während er selbst mit zierlich abgespreiztem kleinem Finger ein Stück Kuchen schmauste, wenn die Jungs, die aus bedürftigen Familien stammten, mal was Gutes in den Magen bekämen, könne das, selbst wenn es zur Unzeit geschehe, dem lieben Gott nur zur Freude gereichen. Priesen sie nicht auch seine Schöpfung, wenn sie sich an ihren warmherzig gespendeten Erzeugnissen delektierten?

Und natürlich kam zuweilen auch einer der Jünglinge vorbei, deren Flirt mit Susi und ihren Freundinnen unser Grundstück verschönt hatte. Sie erkundigten sich höflich, wie es den Signorinas ginge, ob sie geschrieben hätten, ob sie gar etwas von ihnen geschrieben hätten, wann sie wiederkämen und ob es uns angenehm sei, wenn sie im Herbst entlang der Treppe Hortensien oder Liguster oder Buchs oder alles zusammen pflanzten. Vielleicht könnten die Signorinas ihnen auch schreiben, was sie am liebsten hätten. Dann erführen sie auch gleich die Adressen, um ihnen die Photos schicken zu können. Sie benahmen sich überaus artig, boten ihre Zigaretten reihum an, verschlangen Julia gleichsam in Stellvertretung für die Abwesenden, wenn auch meiner Anwesenheit wegen mit gebotener Zurückhaltung, mit anbetenden, feucht-dunklen Blicken, und bei der Abfahrt ließen sie sogar das Hupen, nachdem Julia ihnen zu ihrer Überraschung mitgeteilt hatte, daß wir darin weniger eine Ehrung als ein Ärgernis sähen.

Aber bei all den Zweibeinern, die uns beehrten, wäre es ungerecht, eines Vierbeiners nicht zu gedenken, der nach ersten mißtrauischen Stippvisiten unser Haus als eine Art Ausweichquartier benutzte, wenn seine abenteuerlichen Liebesfahrten ihn bis in unsere Gegend führten, und sich schließlich daran gewöhnte, es als sein diktatorisch beherrschtes Eigentum zu betrachten, in dem wir bestenfalls wohlwollend geduldet waren.

Es war ein Kater mit lackschwarzem, nur auf der Brust von einer winzigen weißen Oase unterbrochenem Fell, der, wie es schien, nicht ohne Grund Porfirio Rubirosa hieß. Er war Julia im Albergo, wohin er eigentlich gehörte, durch sein zerrupftes, mageres Äußere aufgefallen, und als sie, da sie Katzen mit der ganzen Zärtlichkeit ihres katzigen Wesens liebte, entrüstet fragte, ob er denn genügend zu essen bekäme, wurde ihr gesagt, an der Nahrung läge es nicht, es läge an troppo amore. Er sei unablässig unterwegs, immer in zahllose aufreibende Liebschaften verstrickt, ein Hallodri und Rumtreiber, und da könne man eben nichts Besseres verlangen. Während ihr dies erklärt wurde, saß Porfirio zwei Meter entfernt in einem Sonnenfleck, putzte sich schläfrig das zerzauste Fell und warf ihr ab und an aus halbgeschlossenen grünlichen Augenschlitzen einen Blick zu, der einerseits hochmütig durch sie hindurchzusehen schien, andererseits aber, wie sie behauptete, ein Quentchen stummen, überlegenen Einverständnisses enthielt, so als wollte er sagen: Laß sie nur reden. Wir beide wissen schon, was wir davon zu halten haben. Wir wissen, daß Liebe notwendig und der Mühe wert ist. Und diese Blicke knüpften zwischen ihm und ihr ein Band, wobei eine Gemeinsamkeit, aus der ich, dem Katzen allenfalls angenehm waren, weil sie nicht bellten, ausgeschlossen blieb.

Anfangs erschien er nur bei uns, um sich, auf einem alten Kohlensack im Keller zusammengerollt, während der heißen Mittagsstunden durch ein Schläfchen zu stärken. Hinterher tauchte er sichtlich erfrischt auf der oberen Terrasse auf, streckte sich mit steil in die Luft gerecktem Hinterteil und ließ, falls ich ihn nicht genügend beachtete und Julia noch in ihrem Zimmer war, ein paar rauhe, männlich orgelnde Töne vernehmen, die vermutlich bedeuten sollten, daß er jetzt einem Schälchen Milch nicht abgeneigt sei.

Er trank sie auf ungeheuer vornehme, lässige Weise. Nachdem er den Teller einmal würdig umschritten und sich an der passendsten Stelle niedergelassen hatte, die für uns immer die unpassendste war, weil er mitten im Wege lag, senkte er die schnuppernde Nase bis dicht über die Milch, wie ein alter Weinkenner, der noch vor

Zunge und Gaumen der Nase etwas zu kosten gibt, und erst dann schnellte das rosa Züngchen versuchsweise in den Trank und expedierte mit leicht eingerollter Spitze ein paar Tropfen ins Maul. Schmeckten sie ihm, setzte er sich noch bequemer zurecht, sank förmlich zu einem völlig entspannten lackschwarzen Fellbündel zusammen und schlabberte mit dem zierlichen Anstand eines Katers von Welt, dem Hochmut und Anstand aus uralter Vergangenheit im Blute liegen. Mit dem gleichen Anstand erhob er sich schließlich, wischte und leckte sich die Milchreste von Kinn und Schnurrhaaren und strich an den Gitterstäben des Geländers entlang zu einem Platz, von dem aus er das lärmende Treiben der Spatzen und Drosseln auf unserem Dach bequem beobachten konnte. Gewöhnlich fielen ihm dabei die Augen zu, aber sobald ihm etwas Flatteriges zu nahe kam, ging zumindest eins wieder auf, grünlich, schmal und lauernd, und zeigte dem unvorsichtigen Federtier an, daß es besser sei, seine Langmut nicht zu überfordern.

Er verschwand erst, wenn ihn die Dämmerung zu seinen Pflichten rief, nachdem er sich gähnend aufgesetzt, sich ausgiebig gestreckt, über dünn zitternden Beinchen genußvoll einen Buckel gewölbt hatte, und schon während er an der Garage vorbei, deren Feldsteinmauer noch von der Sonne des Tages sanft glühte, den Gebüschen des Nachbargrundstücks zustrebte, ging geheimnisvoll eine Wandlung mit ihm vor: es war, als sänke er tiefer in die Erde, er schlich, statt wie ein ordentlicher Hauskater würdig zu schreiten, ähnelte mit seinen unruhig spielenden, im nächsten Moment flach zurückgelegten Ohren, mit seinen lautlos federnden Bewegungen und schräg lauernden Augen immer mehr einer jener Wildkatzen, von denen er über eine lange Reihe von Ahnen abstammte.

„Guck ihn dir an“, flüsterte ich Julia zu. „Er spielt wahrhaftig Tiger.“

„Was heißt, er spielt? Er ist einer!“ erwiderte Julia überzeugt, die ihm liebend nachsah, bis seine Schwanzspitze im Blattwerk untertauchte. „Wenn auch nur ein kleiner“, fügte sie nach einem Weilchen nüchterner hinzu.

Solange Porfirio den Keller für den angenehmsten und ruhigsten Ort im Hause hielt, hatte ich gegen seine Besuche nichts einzuwenden. Als er dann aber entdeckte, daß die oberen Räume viel bequemere und standesgemäßere Gelegenheiten für Schlummerstündchen boten und daß er bei Julia immer wirksamen Rückhalt gegen meine Proteste fand, war es mit meinem Seelenfrieden vorbei. Er lag immer da, wo ich mich nach dem Mittagessen gerade gemütlich ausstrecken wollte. Entweder in meinem in den Schatten des vorspringenden Dachs gerückten Liegestuhl auf der oberen Terrasse oder, wenn's ihm und mir zu heiß draußen war, in der Kühle meines durch Holzläden abgedunkelten Zimmers auf meinem Bett. Hatte er sich zufällig einmal bei der Jagd nach einer flauschigen Motte, einer Wespe oder sonst einem interessanten Tier verspätet und erschien erst, wenn ich schon sein Plätzchen okkupiert hatte, schlich er verdrießlich um mich herum, warf mir mißgünstige Blicke zu und lauerte beharrlich in einer versteckten Ecke, für den Fall, daß ich gedankenlos aufstehen würde, um irgend etwas zu holen. Kam ich dann zurück, lag er friedlich eingerollt auf meinem Platz, als ob er kein Wässerchen trüben könnte, kniff die Augen zusammen, um meine Anwesenheit nicht zur Kenntnis nehmen zu müssen, und nur die unruhig spielenden Ohren verrieten, daß unter seinem schwarzen, glänzenden Fell Alarmzustand herrschte und daß er bereit war, das eroberte Ruheplätzchen zu verteidigen, falls ich etwa Anstalten machte, ihn zu verjagen. Stand ich nicht auf und wurde ihm die Wartezeit in seiner Ecke zu lange, verzog er sich schließlich mit allen Anzeichen heftiger Mißbilligung und stolzierte laut klagend mit protestierend aufgepflanztem Schwanz durchs Haus, um alle Welt auf das ihm angetane Unrecht aufmerksam zu machen, während ich infolge meines schlechten Gewissens auch nicht den rechten Genuß an meinem Sieg fand.

„Er liebt dich eben", erklärte Julia unbekümmert, als ich mich bei ihr beschwerte. „Oder wenigstens deinen Geruch, und das ist für Tiere gewöhnlich dasselbe."

„Dich liebt er doch mehr. Warum legt er sich nicht auf dein Bett oder auf deinen Liegestuhl? Warum hat er nur bei dir eine empfindliche Nase?"

„Sei nicht unfein", sagte sie kühl. „Vielleicht regt ihn weiblicher Duft zu sehr auf, wenn er seine Ruhe haben will. Kater sind männlich, falls du es noch nicht wissen solltest."

Das Dumme an Julias Behauptung war, daß ich anfing, mir über Porfirios Gefühle für mich Gedanken zu machen. So offenherzig und geradezu marktschreierisch Kater in bezug auf ihre Neigungen zu Artgenossinnen sind – was ihre Beziehungen zu Menschen anbelangt, sind sie wenig mitteilsamer Natur. Man sieht's ihnen nicht an, wenigstens ich sah's Porfirio nicht an. Sein arrogantes Benehmen und seine giftigen Blicke waren kaum als Liebeserklärungen zu bezeichnen, und daß er eine hartnäckige Vorliebe für mein Bett und meinen Liegestuhl zeigte, konnte alle möglichen Gründe haben, unter anderem auch den, daß ihm irgendwas an mir nicht paßte und daß er mich darum ärgern wollte.

In meinen Zweifeln konsultierte ich Jakob, aber Jakob meinte, Katzen gehörten zu den unlösbaren Rätseln des

Universums, und zudem sei er zur Zeit vollauf mit fünf dicken Goldfischen beschäftigt, die er gekauft habe, um mit ihnen sein Bassin zu bevölkern. Jetzt schwammen sie noch behäbig und würdig in einem großen Einmachglas herum, das er an der Stelle aufgestellt hatte, wo das Bassin hinkommen sollte, sobald er genügend Zeit dazu fand, damit sie sich schon an ihre künftige Umgebung gewöhnten.

All das half mir in meinen Zweifeln hinsichtlich Porfirios Seelenleben nicht weiter, und da ich ihn nicht kränken wollte, falls er mir wirklich zarte Gefühle entgegenbrachte, duldete ich stumm seine Frechheiten und trug ihn sogar auf den Schultern durchs Haus spazieren, wenn sein durchs Mittagsschläfchen aufgemöbelter Unternehmungsgeist nach neuen Taten und Abenteuern dürstete. Das erstemal sprang er mir einfach auf den Rücken, als ich mich nach etwas bückte, krallte sich in mein Hemd und auch tiefer fest, als ich erschrocken hochfuhr, und Julia brach in jubelnde Begeisterung aus.

„Aber das Untier krallt sich ins Fleisch!“ kreischte ich hektisch. „Nimm's runter!“

„Hab dich nicht so“, sagte Julia. „Du bist lächerlich empfindlich. Was können so kleine Krällchen schon tun? Er ist doch kein Tiger! Wenn du wüßtest, wie possierlich er da oben sitzt. Du wärst hellauf begeistert.“

Ich bezweifelte es, aber er thronte nun einmal auf seinem Hochsitz, ein wenig schwankend und unsicher und einigermaßen erstaunt über die ungewohnte Aussicht. Julia meinte, wenn Porfirios Intelligenz nicht ohnehin außer allem Zweifel stände, sei sie durch die Fixigkeit bewiesen, mit der er sich den Umständen angepaßt und eine unerwartet gebotene Gelegenheit ausgenutzt habe, um sich neue Dimensionen zu erobern. Besitzer oder doch zeitweilige Eltern eines so nach Höherem streben-

den Katers hätten geradezu die Pflicht, jedwedes Streben des Tierchens nach Erweiterung seines Horizontes nach Kräften zu fördern. Sie veranlaßte mich also, durch die Räume zu wandern, während er aufgeregt und neugierig den schwarzen Kopf nach allen Seiten drehte und sich weich gegen meinen Nacken drängte, um an ihm eine Stütze zu finden. Manchmal hörte ich ihn dabei schnurren, ein sanftes, regelmäßig wiederkehrendes Schnarchen, das mich mit seinem Wohlbehagen durchdrang und schließlich auch rührte, obwohl ich mich in solchen Momenten von ganzem Herzen nach Jakobs Goldfischen sehnte.

Der wahre Charakter seines Strebens nach Höherem enthüllte sich jedoch, als ich ihn eines Tages über die obere Terrasse trug und er von meiner Schulter aus fast einen Spatz erwischt hätte, der aufgeplustert auf dem Rand der Dachrinne döste und meinen Anblick so gewöhnt war, daß er keinen Anlaß sah, sich davonzumachen. Erst im allerletzten Augenblick entdeckte er, daß ich nicht allein war, und flatterte entrüstet zeternd auf, während Porfirio schon halb in der Dachrinne hing und enttäuschte, zahnlose Wimmerlaute von sich gab.

Julia nahm ihn sich hinterher vor, um ihm ins Gewissen zu reden. Er lag auf ihrer Brust wie eine winzige schwarze Sphinx, blinzelte sie unschuldig und schläfrig an und tat völlig unbeteiligt, während sie ernsthaft auf ihn einsprach. Ihre vorwurfsvolle Stimme drang bis zu mir, und ich hörte auch, daß sie ihn siezte, wie sie es mit mir tat, wenn sie, wie so häufig, Grund hatte, mit mir unzufrieden zu sein.

„Das tut ein wohlerzogener Kater nicht. Auch kleine Vögel haben Anrecht auf ihr Leben. Sie sind genauso Gäste hier wie Sie, und Gäste fressen sich nicht gegenseitig auf. Sie sollten sich wirklich schämen, Kater. Vor zwei Stunden haben Sie erst ein tüchtiges Stück zarte Hühnerbrust verspeist, und vom Schabefleisch für die Buletten heute abend fehlt auch was. Tun Sie nicht so, als hätten Sie keinen Schimmer, wovon ich rede. Zufällig habe ich Sie aus der Küche kommen und sich das Schnäuzchen schlecken sehen. Sie sind ein Vielfraß, Kater, ein scheußliches, verfressenes Individuum, das nur daran denkt, wie es sich den Bauch vollschlagen kann, und keineswegs an die armen, hungrigen Spatzenkinder, die als unversorgte Waisen hätten aufwachsen müssen, wenn Sie Scheusal vorhin ihre Mutti erwischt hätten. Wahrscheinlich hätten Sie nicht einmal Gewissensbisse gehabt ..."

Es ging noch eine ganze Weile so weiter. Später trollte er sich arrogant und unnahbar bei mir vorbei, und Julia versicherte mir optimistisch, daß ihn ihre Strafpredigt beeindruckt hätte. Er sei ziemlich zerknirscht gewesen und habe keinen Mucks gesagt.

Nur einmal brachte er selbst ihre Geduld ernstlich ins Wanken. Gegen Abend war Laetitia zu einem ihrer pädagogischen Plauderstündchen dagewesen und hatte Julias Phantasie durch die eingehende Beschreibung ziemlich unappetitlicher Krankheitssymptome ihres Verdauungsapparates so angeregt, daß sie lange nicht hatte einschlafen können. Mitten in der Nacht wurde sie dann durch ein entsetzliches Gekreische vor ihrem Fenster geweckt, das sich anhörte, als ob draußen eine Herde Ferkel unter gräßlichen Qualen geschlachtet würde. Als sie entsetzt den Laden aufstieß, entdeckte sie Porfirio im Verein mit drei Katzendamen, die er entweder hergeführt hatte, um vor ihnen mit seinem neuen Heim zu protzen, oder die ihn mit ihren Zudringlichkeiten bis hierher verfolgt hatten – welche der beiden Erklärungen zutraf, war auf den ersten Blick nicht auszumachen. Zu einem zweiten kam es nicht, denn als die von Porfirio in stürmischer Werbung gegen die Hauswand gedrängte Katzendame die sich unversehens über ihr öffnende Fluchtmöglichkeit gewahrte, sprang sie fauchend durchs Fenster, und die andern zwei schossen, von Porfirio angeführt, wie die wilde Jagd hinterher. Zuerst stand Julia vor Schreck wie erstarrt (erzählte sie mir später), dann versuchte sie, sie wieder hinauszujagen, aber da ihr Nachttischlämpchen schon bei der ersten Runde des rasenden Reigens heruntergefegt wurde und sie in der von stiebenden Schatten erfüllten Dunkelheit nichts mehr sah, flüchtete sie vor dem höllischen Spuk schlotternd unter die Bettdecke, wo ich sie fand, als ich in ihr Zimmer stürzte, weil ich glaubte, Einbrecher seien ins Haus gedrungen und hätten sie in ein Handgemenge verstrickt.

Sie nutzten die Chance, zwischen meinen Beinen hindurch quietschend und kreischend durch die Tür zu entweichen und ihr Aktionsfeld über das ganze Haus auszudehnen. Als ich noch überrascht nach dem Lichtschalter suchte, hörte ich es schon aus der Küche klirren und splittern, während sich das infernalische Getöse in gellendem, schrillem Krescendo zu einem wirbelnden Hexensabbat auswuchs.

Den Augiasstall auszumisten, war ein Kinderspiel gegen die Aufgabe, die wild verknäulte, rasende Katzenhorde aus dem Haus zu treiben. Es dauerte eine gute halbe Stunde, bis ich sie endlich mit dem Besen durch die Tür gescheucht hatte, und als ich hinterher zu Julia ging, um mir ein paar Krallenwunden mit Jod bepinseln zu lassen, saß sie bleich und aufrecht im Bett und schluchzte.

„Ich hätte nie geglaubt, daß Porfirio sich so häßlich aufführen könnte", stieß sie aufgelöst hervor. „Wo ich doch immer so nett zu ihm bin!"

Ich hatte einen Blick auf die Scherben in der Küche und die sonstigen Verwüstungen getan und keinerlei Anlaß, ihm besonders wohlgesonnen zu sein, aber ich fühlte doch die Verpflichtung, in Julias Vorstellungswelt einiges zurechtzurücken.

„Er hat's doch nicht getan, um dich zu ärgern", tröstete ich. „Umsonst trägt er seinen Namen nicht. Das ist nun mal seine Art zu lieben."

„Lieben?" In Julias trostlos-feuchtem Blick glomm ein Fünkchen Interesse auf.

Ich nickte. „Ganz recht. Katzen sind leidenschaftlicher Natur und mögen's gern stürmisch."

Sie sah mich ungläubig an, dann sank sie mit aufgerissenen Augen aufs Kissen zurück und starrte ein Weilchen träumerisch zur Decke.

„O Gott, der Arme!" murmelte sie dann. „Und gleich mit dreien. Hoffentlich übernimmt er sich nur nicht . . ."

Es war klar, daß sie ihm unter diesem neuen Aspekt noch einmal sein nächtliches Randalieren verzeihen würde, und so war es denn auch. Als er am nächsten Morgen ein wenig müde um die Augen und zerzauster als sonst, im übrigen aber blasiert und unnahbar wie immer auftauchte, bekam er eine doppelte Portion Milch und Schabefleisch, und nachdem er sie bis zum letzten Tröpfchen und Krümelchen verputzt hatte, nahm Julia ihn zur fälligen Standpauke mit in ihr Zimmer.

„Ich werde ihm tüchtig die Meinung sagen", versprach sie mir. „So klein soll er werden." Sie deutete etwas in der Art eines Regenwurms an.

Was ich dann vernahm, klang nicht so entschieden.

„So geht es wirklich nicht, Kater", hörte ich sie mit sanftem Vorwurf sagen. „Ich habe vollstes Verständnis für gewisse – hm – Gefühle oder wie Sie in Katzenkreisen das nennen, aber Sie sollten sich dabei mehr Zurückhaltung auferlegen. Es schickt sich einfach nicht, hören Sie? Man macht nicht alle Welt auf seine Privatangelegenheiten aufmerksam, und vor allen Dingen stört man niemand im Schlaf, seine leibhaftige Wohltäterin schon gar nicht. Sperren Sie gefälligst die Öhrchen auf, wenn ich mit Ihnen rede, und tun Sie nicht, als ob Sie schliefen."

„Was hat er gesagt?" fragte ich, als sie wieder zum Vorschein kam. „Miau?"

Ihre Antwort bestand in einem kühlen, strafenden Blick. Porfirio schien trotz oder vielleicht gerade wegen seiner nächtlichen Eskapaden in ihrer Achtung gestiegen zu sein.

9. Kapitel

Drei mal zwei Meter Himmelblau

Ich habe den Fortgang der Geschichte unseres Schwimmbads bisher verschwiegen. Mit gutem Grund. Man gesteht ungern seine Niederlagen ein, und eine Niederlage war es. Vergeblich hatte ich Julia vorgerechnet, was die Anlage kosten würde. Es war ein Betrag, der sich sehen lassen konnte, ein stattliches Sümmchen. Julia erwiderte, wenn ich ihr zuliebe ein Opfer brächte und das Rauchen aufgäbe, käme die Ausgabe bald wieder herein. Nicht bald, aber doch ziemlich bald. Auf meinen Protest, daß ich ja gar nicht rauchte, erklärte sie, das habe sie auch nicht behauptet. Sie habe gemeint, *wenn* ich rauchte – Konditionalfall – und dann das Rauchen aufgäbe ... Sie könne ja schließlich nichts dafür, daß ich nicht rauchte. Einer Statistik nach, die sie kürzlich gelesen hätte, rauchten weit über fünfzig Prozent der erwachsenen Menschheit, soweit sie männlichen Geschlechtes sei, sogar weit über sechzig. Wahrscheinlich sogar noch mehr, sie habe die genauen Zahlen vergessen. Der Durchschnittstyp sei demnach der Raucher. Warum solle sie also darunter leiden, daß ich ausgerechnet in diesem Punkt eine Ausnahme bilde, wo ich doch sonst so durchschnittlich wäre! Wenn man annähme, daß ich meiner Durchschnittsverpflichtung nachkäme und doch rauchte, sagen wir zwanzig Stück pro Tag oder, wie sie meine Haltlosigkeit kenne, besser gleich dreißig, nur um einen ungefähren, nicht zu hoch gegriffenen Anhaltspunkt zu haben, wären das bei zehn Pfennig pro Stück einundzwanzig Mark pro

Woche, vierundachtzig im Monat und das mal zwölf ... Sie kramte nach Bleistift und Papier und begann emsig zu rechnen, während ich dabeisaß und mich bemühte, mich auf klar faßbare, übersichtliche Dinge zu konzentrieren, um in der Hochflut des Irrationalen meine Verstandesklarheit zu bewahren.

Julia fand indessen noch andere Einsparungsmöglichkeiten.

„Stell dir vor, was du allein an Benzin sparst, wenn wir nicht jeden Tag zum Baden an den See fahren. Und die himmlische Ruhe hier oben, wo niemand uns stört."

„Und die höllische Unruhe, bevor's soweit ist."

„Das geht vorbei", bemerkte sie weise. „Dafür ist es hinterher um so schöner."

„Wenn Freddy und Lilli samt Anhang als ständige Badegäste hier herumlungern werden. Vielleicht eröffnet Lilli hier eine Art Abessinien mit Nacktkultur und wir könnten Eintritt nehmen."

„Nicht bei mir." Julia war nicht beizukommen. „Wer zu uns kommt, bestimmen wir. Großartig wird's werden. Und so gesund. Wir lassen es natürlich mit blauen Kacheln auslegen. Blau ist das Schickste und so beruhigend für die Nerven. Und das Grün des Rasens rundum. Grün ist das beste für die Augen. Und frisches Quellwasser, keine trübe Brühe wie unten im See, in der weiß Gott was herumschwimmt."

Als sie zum erstenmal unten geschwommen war, hatte sie die kristallinische Klarheit des Seewassers gerühmt. Das war knapp fünf Wochen her. Seitdem mußte das Wasser beträchtlich an Qualität eingebüßt haben.

Sie lehnte sich mit hinter dem Kopf gefalteten Händen zurück und sah verträumten Blicks ins Weite. Vermutlich sah sie das Farbphoto in der eleganten Gartenzeitschrift vor sich, das ihr den Mund wäßrig gemacht hatte.

„Paß auf", fuhr sie fort, „wenn's erst fertig ist, wirst du gar nicht begreifen, wie du so lange ohne Schwimmbassin hast auskommen können. Was meinst du, wie das erfrischt, wenn du morgens aus dem Bett gleich ins kühle Quellnaß hüpfst."

Mich schauderte bei dem bloßen Gedanken. Auf die Gefahr hin, als Kümmerling angesehen zu werden, muß ich gestehen, daß ich morgens ungern mit Wasser unter 36 Grad Celsius in Berührung komme. Unter zugigem, freiem Himmel schon gar nicht. Ich brauche meine Zeit, um mich von der Bettwärme auf das rauhere Tagesklima umzustellen. Sensible Naturen sind nun mal so. Nicht mal die Zähne putze ich gern kalt. Julia übrigens auch nicht. Am See unten preist sie mir Leute als Vorbild, die sich mit Hechtsprung kopfüber ins Wasser stürzen, aber sie selbst stippt erst ein paarmal versuchsweise den großen Zeh ein und braucht eine Viertelstunde, bevor sie den lieblichen Rest folgen läßt.

Ich hielt es ihr vor. Das sei bloß unten, erklärte sie nachlässig, wegen des steinigen Bodens, auf dem man kaum stehen geschweige denn flott ins Wasser schreiten könne. Aber auf glatten blauen Fliesen ... Verträumt beschwor sie wieder das Photo aus der Gartenzeitschrift vor ihr inneres Auge.

Dann fiel mir zu guter Letzt doch noch ein Argument ein, das mir unweigerlich den Sieg bringen mußte. Der Bau des Bassins, sagte ich hoffnungsvoll, würde viel zu lange dauern. Ursprünglich hätten wir nur vierzehn Tage mit Frühstück bleiben wollen, jetzt seien es schon fast sechs Wochen. Wir müßten allmählich an die Heimreise denken.

Meine Zuversicht schmolz unter ihrem nachsichtig lächelnden Blick dahin. Was wir zu Hause sollten, erkundigte sie sich. Arbeiten könnte ich doch auch hier. Besser sogar bei all der Ruhe. Überdies hätte ich keine blasse Ahnung von wirtschaftlichen Zusammenhängen. Wenn wir schon Geld in ein Haus investierten, müßte es sich auch amortisieren, und amortisieren täte es sich nur, solange wir es bewohnten. Je länger wir es bewohnten, desto mehr sparten wir sozusagen ein, was wiederum dem Bau des Schwimmbassins und damit einer weiteren Wertsteigerung des Grundstücks zugute käme. Sie kramte schon wieder nach Zettel und Bleistift. Ich winkte schwach ab. Ich wußte ohnehin, was dabei für mich herauskommen würde.

„Einverstanden?"

Ich nickte ergeben und bekam zur Belohnung einen Kuß auf die Nase. „Na also!" jubilierte sie. „Ich wußte ja, daß du sofort begeistert sein würdest."

In den folgenden Tagen hatten wir regen Besuchsverkehr. Julia bestand darauf, daß ich mit meiner Arbeit anfangen und mich nicht stören lassen sollte. Es war schwierig, sich nicht stören zu lassen, denn jedesmal, wenn nebenan die Frage des Preises aufs Tapet kam, sträubten sich mir die Haare, und ich wäre hinübergestürzt, wenn Egidios grollende Stimme mich nicht zurückgehalten hätte.

„Err total verruckt", erklärte er Julia. „Err glauben, Sie kennen Geld maken wie Hihner Eier. Sie miisch lassen spreken in alle Ruhe mit diese Mann." Darauf ließ er einen wütenden, mit allerlei unerfreulichen Bezeichnungen gespickten Wortschwall auf seinen jeweiligen Gesprächspartner los, in dessen dröhnender Flut jeder Widerspruch wirkungslos verhallte. Erst der dritte ließ sich unter kläglichen Beteuerungen, daß er samt seiner vielköpfigen Familie bei diesem Hundelohn Hungers sterben müsse und nur der Signora bella zu Gefallen dazu bereit sei, zu Preisen herbei, die Egidio widerwillig als angemessen bezeichnete. Hinterher mußte ich mich aufs Bett legen, um mich von den Aufregungen zu erholen, und als Julia den Kopf zur Tür hereinsteckte, um mir die Siegesnachricht zu überbringen, war sie entrüstet, mich nicht bei der Arbeit zu finden.

Am nächsten Tag kamen sie zu dritt wieder, Egidio, der Hungertodskandidat und der knickebeinige alte Wassersucher, und begaben sich mit Julia den Hang hinunter, um die genaue Lage des Bassins, den Verlauf der Wasserader und den günstigsten Anzapfungspunkt zu bestimmen. Am Tag darauf schließlich erschienen zwei Mann mit Schaufeln, Hacken und Weinflaschen, die sie zur Kühlung in den Brunnen hängten, und begannen die Grube auszuheben, und während der folgenden Woche gelang es mir, die Zeitspannen, die ich am Schreibtisch verbrachte, bevor ich zur Begutachtung der Fortschritte des Bassins wieder ans Fenster trat, von einer viertel auf eine halbe Stunde auszudehnen und allerhöchstens ein halbes Stündchen dort stehenzubleiben. Man konnte das, was ich betrieb, schon fast Arbeit nennen.

Während dieser Woche verschwand Julia häufig mit dem Wagen und kehrte mit gesammelter Miene und farbigen Fliesenmustern wieder. Manchmal brachte sie es zuwege, ihren Mitteilungsdrang so lange zu zügeln, daß ich sie vor lauter Ungeduld fast gerufen hätte, aber meistens platzte sie sofort zu mir herein, weil sie ihre Begeisterung und ihre Zweifel loswerden mußte.

„Entschuldige die Störung", sagte sie gänzlich reuelos, „aber ich muß sie dir einfach zeigen." Und während sie ein Sortiment länglicher Fliesen vor mir ausbreitete und dabei meine Papiere durcheinanderbrachte: „Der Mann von der Firma sagt, Meergrün sei das Neueste, die große Mode, aber ich finde Himmelblau doch hübscher, findst

du nicht auch? Zum roten und zum gelben Bikini paßt's bestimmt besser, und außerdem macht Grün blaß. Mir steht ja Grün, Blondinen steht's immer, aber ich denke an dich."

Ich erwiderte, ein bißchen mehr oder weniger blaß sei mir gleich. Blässe sei das Signum des Geistes und stünde einem Mann der Feder gut an. Mir käme es mehr darauf an, welche billiger seien.

„Beide gleich", sagte sie eifrig. „Das ist es ja eben. Natürlich ist es hübsch, einen todschicken Swimming-pool in Meergrün zu haben, aber Blau schmeichelt dafür. Stell dir vor, wir beide in Blau, in Himmelblau ... nicht das dunklere hier, das hellere, transparente. Und außerdem gibt's Grün nur in glatt und Blau auch geriffelt, und der Herr von der Firma meint, auf geriffelt könnte man besser stehen ..."

Es wurde blau, himmelblau und geriffelt. Nach anderthalb Wochen leuchtete es drei mal zwei Meter himmelblau, wenn auch vorläufig noch trocken, zu mir herauf. Rings um den Rand lagen graugelbe Platten. Das in den Rillen wuchernde wilde Gras verarbeitete Julia mittels ihrer Nähschere zu kurzgeschnittenem englischem Rasen.

Bisher war unsere Neuerwerbung zum Glück noch keinem unserer Bekannten aufgefallen. Von der Straße aus war sie nicht einzusehen, Freddy war für ein paar Tage in Geschäften verreist, Lilli hatte Gäste im Haus, die sie völlig in Anspruch nahmen, und Jakob war mit der Vorbereitung einer seiner Spritztouren zwecks geistiger Auffrischung beschäftigt. Die Vorbereitung bestand hauptsächlich in der Ausmusterung der Kakteen, die er diesmal mit auf die Reise nehmen wollte. Außerdem bastelte er an einer Vorrichtung, mit deren Hilfe er sie in ihren Holzrahmen auf der Polsterung der hinteren Sitze befestigen konnte. Auf dem Boden seien sie den Erschütterungen der Fahrt zu sehr ausgesetzt.

Am Abend vor seiner Abreise sollte in Agliano, im Hause eines kunstfreudigen Turiner Advokaten, eine Party stattfinden, zu der auch wir geladen waren. Signor d'Amario hatte zwei Bilder von Jakob gekauft und sich dadurch das Recht erworben, ihn seinen Gästen gleichzeitig mit den Bildern als künftigen Picasso vorzuführen. Ich war nicht sonderlich von der Aussicht angetan, bei hochkünstlerischen Gesprächen über luminöse Intensitäten und chromatische Eudämonie stundenlang mit einem Glas Martini in der Hand herumstehen zu müssen, aber Julia hatte darauf bestanden, daß wir hingingen. Sie brannte darauf, endlich das neue Cocktailkleid anzuziehen, das sie extra für die Reise gekauft hatte, weil sie meinte, man wüßte nie, in was für Situationen man käme. Bisher hatten sich die rechten Situationen nicht ergeben, und so war sie entschlossen, wenigstens diese zu nutzen.

Wir hatten schon eine halbe Stunde zuvor gehen wollen, aber obwohl sie während dieser halben Stunde alle zwei Minuten aus ihrem Zimmer verkündete, daß sie sofort fertig sei, nur noch eine Kleinigkeit, eine ganz, ganz winzige Kleinigkeit, ein Sekündchen, mehr nicht, war sie immer noch nicht soweit. Bei einem Blick durch den Türspalt schien es mir, als sei sie sogar weniger weit als vor einer halben Stunde.

Mitten in unseren immer wieder verschobenen Aufbruch hinein erschien Serafino, von einer selbst für seine Verhältnisse ungewöhnlich stattlichen Schnapsfahne umweht. Soweit ich seinen reichlich wirren Erklärungen zu entnehmen vermochte, war er mit einem wichtigen Auftrag des Sindaco, des Bürgermeisters, unterwegs. In jedem Haus hatte er ihn ausrichten müssen, und da man ihm in jedem Haus ein Gläschen zur Stärkung mit auf den Weg gegeben hatte und unser Haus ziemlich das letzte war, hatte selbst seine Standfestigkeit gelitten. Zu allem war ihm auch noch der Auftrag entfallen. Er mußte tief in den dunklen Abgrund seines umnebelten Bewußtseins gesunken sein, denn obwohl er sich ausgiebig die pomadisierten, schütteren Haare raufte und sich starren Blicks zu konzentrieren versuchte, war er nicht wieder zutage zu fördern. Auch ein Gläschen Ramazotti, das er zur Unterstützung seiner Gedankenarbeit begehrte und das ich ihm zögernd spendierte, da er die Zumutung einer Tasse Kaffee entrüstet zurückwies, brachte keine Erhellung. Sie stellte sich erst ein, als Julia ins Zimmer trat, eine schimmernde, funkelnde Julia auf hohen, schlanken Beinen, in eng anliegendem grünem Seidenlamé, das goldblonde Haar, von einem grünen Band umwunden, gleich einer Krone hoch aufgetürmt auf dem zierlichen Kopf.

„Mamma mia, che bella!" stöhnte er verzückt, die Augen aufgerissen wie vor einer Erscheinung. Ein Engel sei sie, aus himmlischen Sphären herabgestiegen, eine Göttin, eine Nymphe, eine ... Die Vergleiche gingen ihm aus, er geriet ins Stottern. Schloß endlich resümierend ab: Nun, jedenfalls sei ihr Anblick geradezu feuergefährlich.

Plötzlich schlug er sich an die Stirn. Richtig, das war es. Er hatte den Faden seines vergessenen Auftrags erwischt. Schon leierte er ihn stolprig herunter. In Anbetracht der seit Wochen anhaltenden Trockenheit und der damit verbundenen Brandgefahr lasse der Sindaco höflichst ersuchen, kein offenes Feuer auf den Grundstükken zu entzünden, da das zu erwartende Umsichgreifen Haus und Waldbestände gefährde. Bei den oftmals weiten Entfernungen und der Schwierigkeit, die Löschmannschaft der Feuerwehr rasch zusammenzutrommeln, könne sich ein solcher Brand zu ... zur ...

„... Katastrophe ausweiten“, schlug ich vor. Er nickte erleichtert. So ungefähr. Es sei ein Genuß, sich mit einem intelligenten Signore zu unterhalten, der gleich wisse, worauf es ankäme.

„Grazie“, sagte er ernst, „tante grazie, signore“, verbeugte sich vorsichtig vor mir, verbeugte sich tiefer und mit förmlich funkensprühendem Blick vor Julia und schritt würdig, ganz Amtsperson, durch die nächste Tür. Daß es die zum Badezimmer war, beeinträchtigte die Wirkung seines Abgangs ein wenig. Irgendwas klirrte, gleich darauf kam er leicht verwirrt wieder zum Vorschein, murmelte etwas von unverzeihlicher Zerstreutheit und rang heftig mit Gleichgewichtsstörungen, während er sich wiederum nach beiden Seiten verbeugte und schließlich sanft schlingernd nach draußen verschwand.

Julia kicherte. „Der hat aber einen weg. Wie gefall' ich dir?“

Sie stellte sich in Positur, drehte sich, die Hände auf den Hüften, biegsam in Zeitlupe um sich selbst. Das Licht rieselte über den gleißenden Stoff, streichelte zärtlich über ihre Formen. Sie hatte wenigstens welche, zum Unterschied von den Mannequins, die sie kopierte.

Ich zuckte die Achseln. „Göttin, Nymphe, feuergefährlicher Engel aus himmlischen Sphären ... Der Schuft hat mir ja alles vorweggenommen. Den hat's wirklich erwischt. Vor lauter Entzückung hat er sogar sein Trinkgeld vergessen.“

So irrt man sich. An der frischen Luft mußte er doch noch zur Besinnung gekommen sein, denn als wir zum Wagen gingen, stand er schon da, um zu kassieren ...

Das Haus der d'Amarios war ein alter Palazzo aus dem 17. Jahrhundert. Ein kleines architektonisches Prunkstück mit zwei Sternchen im Reiseführer. Am Ende eines schmalen, gepflasterten Innenhofs, den man durch ein schäbiges Vorderhaus vermittels eines rostigen Gittertörchens und eines winkligen Ganges betrat, türmten sich überraschend vier säulengestützte, luftige Loggienreihen übereinander, vier auf steinernen Bogen schwebende Stockwerke, die bis unters Dach mit staubigen Möbeln und altem Gerümpel angefüllt waren. Da die d'Amarios den Palazzo allenfalls während einiger Sommermonate bewohnten, hatten sie nur das untere Stockwerk herrichten und mit den besten Stücken aus dem ganzen Hause möblieren lassen. Es schien, als seien die Meinungen des Signore und der Signora über die Frage, was zum Besten zu rechnen sei, erheblich auseinandergegangen, und da sie sich sichtlich nicht hatten einigen können und jeder auf seiner speziellen Auswahl bestand, konnte man in den Räumen vor Tischen, Stühlen, Diwanen, Sesseln, Hockern und Schränken verschiedenster Stilepochen kaum treten.

Als wir ankamen, fanden wir bereits an die dreißig in Grüppchen zwischen den Möbeln verteilte Gäste dabei, gegen das knatternde Gelärme eines in der Ecke auf Hochtouren laufenden Fernsehgeräts plaudernd anzukämpfen. Es war überaus gemütlich. Ein ältlicher Diener in ausgeblaßtem, rotsamtenem Livreerock und weißen Zwirnhandschuhen, der an Hexenschuß zu leiden schien und aussah, als habe er in jüngeren Jahren am Hof Lorenzos des Prächtigen Dienst getan und sei seitdem nur ein wenig heruntergekommen, schlich mit einem Tablett voller Gläser herum. Wie ich vorausgeahnt hatte, war es Martini.

Jakob stand am Kamin vereint mit Signor d'Amario

und einer dickbusigen, distinguiert wirkenden älteren Dame und zwang seine grämlichen Gesichtszüge zu einer Miene, die ziemlich erfolglos lebhaftes Interesse an ihrem Gespräch vortäuschen sollte. Selbst von weitem sah man ihm an, daß er sich beengt fühlte; teils durch den blauen Anzug, in den er sich für die festliche Gelegenheit gezwängt hatte, teils durch den üppig auf ihn eindrängenden Busen der Dame, teils überhaupt. Als sein verstohlen schweifender Blick mich entdeckte, winkte er mir zu, wie ein schon in sein Schicksal ergebener Schiffbrüchiger einem in letzter Minute überraschend auftauchenden Rettungsboot zuwinkt, von dem er übersehen

zu werden fürchtet, und nachdem ich mich mit meinem Glas zwischen Etageren, Sofas und steiflehnigen Stühlchen zu ihm durchgeschlängelt hatte, lernte ich in der distinguierten Dame die Witwe eines Botschafters in Ankara und Teheran kennen, die eben, soweit ich im Fernseh- und Plaudergeschnatter verstand, ihre Absicht kundtat, ein Bild von Jakob zu kaufen. Eins für ihr Speisezimmer, möglichst mit Obst, einer Mohrrübe und Fenchel oder etwas Ähnlichem. Rohkost sei doch so gesund. Ob er in dieser Art etwas habe? Dabei sah sie ihn so aufmunternd an, als sei sie nicht abgeneigt, gegen einen angemessenen Aufpreis zum Bild den Künstler gleich mitzuerwerben.

Ob es das war oder die Hitze, jedenfalls geriet Jakob ins Schwitzen. Er schwitzte unfein und reichlich, es war nicht zu übersehen. Auch der Hausherr sah es, und da er ein vorzüglicher Gastgeber und Jakob an diesem Abend sein Vorzugsgast war, zog er sein eigenes Jackett aus und überreichte es dem Relikt aus Lorenzos Tagen, um Jakob den Weg zu weisen, wie er es sich legerer machen könne. Jakob folgte auch seinem Beispiel, aber als sein Jackett beim Überreichen gerade zwischen ihm und dem Diener schwebte, im Niemandsland sozusagen der abgebenden und der zum Empfang entgegengestreckten Hände, riß er plötzlich erschrocken die Augen auf, zögerte ratlos, und für den Bruchteil einer Sekunde kam's mir so vor, als ob er aus unerfindlichen Gründen das Jackett am liebsten wieder an sich gerissen hätte. Dann griff der Diener nachdrücklich zu, Jakob ließ es widerwillig fahren, und im nächsten Moment murmelte er verstört „Scusi, signora ... scusi, signore" und zog mich beiseite.

„Was ist denn los?" fragte ich verblüfft.

Er sah mich nicht an, folgte dem entschwindenden Diener mit starrem Blick.

„In der Jacke ist meine Brieftasche", murmelte er. „Als ich dran dachte, war's schon zu spät."

„Wozu?"

„Um sie rauszunehmen, natürlich. Mein ganzes Geld für die Reise ist drin. Der Ausweiskram auch."

„Brauchst du jetzt Ausweise?"

Meine Begriffsstutzigkeit brachte ihn auf die Palme. Trotzdem dämpfte er seine Stimme.

„Hast du dir den Kerl, den Diener, nicht angesehen? Diese verschlagene Visage? Bei der Personalknappheit heutzutage nimmt man jeden, ohne lange zu fragen. Der Bursche hat einen Ehrenplatz im Verbrecheralbum, möchte ich wetten."

Endlich begriff ich, was er meinte. Eben tauchte der Diener am anderen Ende des Raums wieder auf. Ich nahm ihn aufs Korn. Vermutlich sieht jemand, der mit abstehenden Ohren in einer altmodischen Samtlivree schief und krumm wie ein Hausgespenst durch die Gegend schleicht, immer leicht verdächtig aus. Sonst war ihm nichts Gaunerhaftes anzumerken.

„Hexenschuß hat er", bemerkte ich.

„Was hat das damit zu tun?" zischelte Jakob. „Komm mit! Zu zweit sieht's unauffälliger aus. Ich muß sehen, wo er das Jackett hingehängt hat und ob das Geld noch drin ist."

D'Amario war zum Glück mit jemand anders beschäftigt, und wir drängten uns raus. Es war eine wahre Erholung, dem Krach zu entrinnen. Im Nebenzimmer entdeckte ich Lilli, die einen schüchternen und leicht entgeistert wirkenden jungen Mann in ein Gespräch über die seelischen und geistigen Werte der Nacktkultur verwickelt hatte. Sie winkte uns mit rosigen, brillantglitzernden Würstchenfingern zu.

„Freddy ist auch da", trillerte sie. „Ist nur mal eben in

den Park. Er will sich von den niedlichen barocken Putti auf der Balustrade draußen zu einem neuen Gartenzwergtyp anregen lassen, um mit ihm den italienischen Markt zu erobern."

„Die Italiener werden sich freuen", rief ich zurück. Der junge Mann sah so aus, als wäre er gern mit uns gekommen, aber Lilli hielt ihn eisern am Rockknopf fest.

Ein dunkler Flur nahm uns auf. Er schien in die privateren Bereiche zu führen.

„Peinlich", murmelte Jakob. „Was sagen wir, wenn jemand uns hier erwischt?"

„Wir suchen den Lokus", schlug ich vor.

„Zu zweit wie die kleinen Mädchen? Na, warum nicht?"

Seine Hand streifte einen Vorhang zur Rechten. Er zerrte ihn ungeduldig ein wenig zurück und spähte dahinter.

„Ha, die Garderobe! Hier wird's ja hängen."

Murmelnd wühlte er zwischen allerlei Zeug. „Da ... schon da. Jetzt wollen wir mal ..."

Ein Moment ominöser Stille verstrich, dann fuhr er grimmig zu mir herum: „Was hab' ich gesagt? Weg! Geklaut! Mein ganzes Geld! Ich hab's ja gewußt! Na, dem Burschen werd' ich ...!"

Ich ahnte, was er am liebsten getan hätte, ich sah's ihm an: aufs Folterbett schleppen, mit Daumenschrauben, glühenden Zangen ihm Stück für Stück das Geständnis entreißen und zum Schluß eine Kleinigkeit Rädern oder sonst etwas Hübsches, was den Kerl lehren würde, in Zukunft seine Hände von fremden Taschen zu lassen. Aber es ging ja nicht! Humanere Zeiten waren angebrochen und Foltern und Rädern aus der Mode gekommen. Auch er sah es ein.

„Es hat keinen Sinn, den Halunken zu stellen", murmelte er bedauernd. Der Kerl hätte die Brieftasche längst versteckt und schwüre Stein und Bein, sie nie im Leben gesehen zu haben. Nur eins hätte Sinn: die Polizei auf ihn zu hetzen.

In diesem Moment öffnete sich hinter uns eine Tür, und eine Lichtbahn fiel in den Flur. Es schien die Anrichte zu sein; vor einer weißgekachelten Wand hob sich ein langer Tisch mit Flaschen, Gläsern und Platten mit Eßbarem ab. Von der Schwelle aus blinzelte uns der hexenschüssige Diener an. Das Licht schimmerte ihm rötlich durch die abstehenden Ohren.

„Suchen die Herren etwas?" erkundigte er sich.

Seinem Mienenspiel nach schien Jakob zu erwägen, ob er es nicht doch mit glühenden Zangen probieren sollte.

„Wo ist das Telefon?" knurrte er.

„Gleich hinter dem Vorhang", erklärte diensteifrig grienend der Diener. „Wenn ich die Verbindung herstellen darf..."

„Danke, nein", sagte Jakob. Er wählte schon. Er wählte zu aufgeregt, vertat sich, schlug auf die Gabel und wählte von neuem. Der Diener stand immer noch hinter uns.

„Haben Sie nichts Besseres zu tun, als hier rumzustehen?" fuhr Jakob ihn über die Schulter an.

Der Kerl war nicht aus der Ruhe zu bringen. „Gewiß, mein Herr", erwiderte er. „Nur möchte ich raten, wenn Sie mir, bevor ich mich zurückziehe, die Bemerkung gestatten, Ihre Brieftasche nicht in der hinteren Hosentasche zu lassen. Sie ragt so weit heraus, daß Sie sie verlieren könnten."

Jetzt meldete sich im Hörer eine scharfe weibliche Stimme:

„Pronto! Pronto! Parla prego!"

Jakob zuckte schmerzlich zusammen und starrte ihn an. Er sah nicht gerade geistreich aus. Dann legte er ihn langsam zurück auf die Gabel.

Wir hatten das Gefühl, frische Luft würde uns gut tun. Auch andere schienen das gleiche Gefühl verspürt zu haben, denn der größte Teil der Party hatte sich auf die Terrasse verlagert, während der kleinere Teil offenbar vor dem Fernsehgelärm kapituliert hatte und nach Hause gegangen war. Die silbrige Luft war angenehm lau, und da die Dunkelheit die Gebäude hinter den schweigenden Kastanien und Pinien verbarg, konnten wir uns wie in einer wildromantisch verzauberten Landschaft fühlen, in der Oberon lüstern seinen Elfen nachstellte, Titania ihre amourösen Intrigen spann und Pan persönlich für die, die Ohren hatten zu hören, seiner Flöte die süßesten Töne entlockte.

Auch Lilli schien von der Stimmung des Ortes überwältigt, denn plötzlich äußerte sie ergriffen, in einer solchen Nacht müsse der Mensch sich eigentlich so, wie Gott ihn geschaffen habe, ohne zivilisatorische Zutaten und Verkleidungen, der Natur zugesellen. Es sei jammerschade, daß kein Swimming-pool Gelegenheit böte, sich unter eben noch angängiger Reduzierung der Verhüllung wenigstens mit einem der Elemente zu vermählen.

Ich zuckte gleichzeitig mit Freddy zusammen, wenn auch nicht aus dem gleichen Grund, denn ich ahnte, wie Julia, falls sie zufällig nicht gerade weggehört hatte, reagieren würde – Julia, die von ihrem neuen Schwimmbecken, ihrem lange gehegten, endlich zu Wirklichkeit gediehenen Traum so erfüllt war, daß sie trotz aller Schwüre unmöglich den Mund halten konnte.

Sie konnte auch nicht. Obwohl ich sie über vier Meter Terrasse hinweg zu hypnotisieren versuchte, verkündete sie strahlend, wenn es weiter nichts wäre, genügte eine kleine Ortsveränderung, um die Vermählung vollziehen zu können. Unser Schwimmbassin – zwei mal drei Meter, himmelblau gerillt – sei nämlich gerade fertig geworden und harre der Einweihung.

Das Hallo war groß. Die ein wenig müde gewordene Party im Feuchten wieder flottzumachen, das Fest durch ein filmreifes Dolce-vita-Erlebnis zu krönen, war eine Verlockung, der niemand widerstand. Eilig ging man auseinander, um nach Hause zu fahren und die nötigen Badeutensilien zu holen. Auch Jakob versprach hinterherzukommen, sobald er der Botschafterin seine Bilder gezeigt habe. Vielleicht fände sich eins unter seinen mehr abstrakten Versuchen, das er als Lob der Rohkost ausgeben könne.

„Du bist verrückt", sagte ich ärgerlich zu Julia, als wir den Berg hinauffuhren. „Erstens haben wir jetzt die ganze Blase für alle Zeiten auf dem Hals, und zweitens ist die Zuleitung noch nicht in Ordnung."

„Egidio hat mir gesagt, wir brauchten nur das kleine Rädchen am Rohr aufzudrehen und hätten jede Menge Wasser. Und was die Blase anlangt –", Julia war nicht in der Stimmung, sich über unerfreuliche Zukunftsaussichten Sorgen zu machen, „– werden wir sie hinterher schon wieder vergraulen."

Eine halbe Stunde später stand der Vorhof mit Wagen gerammelt voll, und die Party war in Bikinis und Badehosen um das von zwei Lampions erhellte Schwimmbassin wieder versammelt. Lilli kletterte das eiserne Leiterchen hinunter, ein rosiger Laubfrosch von üppiger, äußerst sparsam verhüllter Fülle, und machte sich anheischig, zur feierlichen Einweihung eine Flasche Sekt am Bassinrand zu zerschmettern. Wir brachten sie wegen der Scherben davon ab, und sie beschränkte sich darauf, die Flasche mit einem Segensspruch ins Bassin zu leeren. Darauf drehte Julia am Rädchen, und ein dünnes bräunliches Rinnsal ergoß sich unter „Evviva"-Geschrei auf die himmelblauen Fliesen. Ich überschlug in aller Eile, daß wir, falls es in dieser Stärke weiterflösse, ungefähr zwei Stunden würden warten müssen, bis es Lilli um die Waden spülte, und daß sie sich bis dahin auf den kühlen Fliesen längst einen Schnupfen geholt hätte. Aber es kam nicht so weit, denn plötzlich hörte das Rinnsal auf zu rinnen und war nicht wieder zu erwecken, obwohl wir emsig am Rädchen drehten und an der Röhre rüttelten. Julia beteuerte unentwegt, man möge sich noch ein wenig gedulden, es handele sich nur um die unvermeidlichen Kinderkrankheiten jeder neuen Apparatur, und Egidio habe ihr ausdrücklich versprochen, daß man nur am Rädchen zu drehen brauche, um das Wasser zum Fließen zu bringen. Doch ihre Beschwörungen konnten nicht hindern, daß den Einweihungsgästen allmählich die Badelust verging und sie sich nach und nach unauffällig den Hang hinauf verkrümelten. Das letzte, was ich von Lilli hörte, war ein kräftiges Niesen.

Als alle verschwunden waren, kam noch ein einzelner Wagen den Berg herauf. Ihm entstieg Jakob, um die Lenden von einem Frotteehandtuch verhüllt, sonst splitternackt, und erklärte uns, er hätte seine Badehose nicht finden können und sei deshalb ohne gekommen, in der Hoffnung, daß ich ihm vielleicht . . . und wo denn die anderen Gäste wären?

„Weg“, sagte ich. „Die Vermählung ist aus Mangel an Element ausgefallen.“

„Kein Wasser“, erklärte Julia kürzer und klarer.

„Ach herrje!“ Seine niedergeschlagene Miene stand in keinem Verhältnis zu unserer Eröffnung. Sie hatte auch ihren besonderen Grund. Er verschwand noch einmal halb im Wagen und förderte das Einmachglas mit den Goldfischen ans Licht. Die stuckrige Fahrt den Berg

herauf war ihnen offenbar nicht bekommen. Sie drängten sich blasser als sonst dicht über dem Boden zusammen und schienen allen Lebensmut verloren zu haben.

„Ich dachte, ich könnte sie vielleicht in eurem Bassin aussetzen, während ich weg bin", sagte er verlegen. „Sie stören ja nicht. Ihr hättet euch beim Schwimmen bloß ein bißchen vorsehen müssen. Aber ganz ohne Wasser..."

„Nicht ganz ohne", bemerkte ich. „Rund drei Zentimeter Modder sind drin, inklusive ein Fläschchen Sekt. Vielleicht haben sie für die Mischung was übrig."

Wir waren unten angelangt. Die Lampions glühten noch immer wie rötliche Monde. Nachtfalter schwirrten um sie herum. Jakob stellte das Einmachglas neben die Röhre und manipulierte am Rädchen. Nichts rührte sich.

Dann erkundigte er sich, ob wir den Hahn aufgedreht hätten. Er tat es in einem Ton, als erkundige er sich nur ordnungshalber, als sei es eigentlich selbstverständlich und lohne kaum die Mühe zu fragen.

„Was für einen Hahn?"

„Den da unten."

Er wies auf einen Hahn, der, im Gras halb versteckt, etwas über der Stelle saß, wo die Röhre in der Erde verschwand. „Muß der Sperrhahn sein. Mit dem Rad hier wird nur die Zufuhr geregelt."

Julia und ich starrten einander an. „O Gott!" seufzte sie. Es ging im Rauschen des Wassers unter, das armdick auf die Fliesen schoß.

Während das Bassin sich füllte, lief ich zum Haus hinauf, um eine Badehose für Jakob zu holen. Hinterher schwammen wir ein Weilchen herum. Die Goldfische hatten den Fahrtschock überwunden und glotzten aus ihrem Einmachglas interessiert zu uns herunter, als hielten sie uns für größere Kollegen. Es war wundervoll. Nah über uns leuchteten die schummrigen Monde vor einem weiten, sternenglitzernden Himmel, und hin und wieder war das schläfrige Zirpen eines Vogels zu hören. Wir trieben dahin, ohne zu plätschern, erfüllt vom endlosen Frieden der Nacht und der Frische des Wassers. Neben mir tauchte Julias feucht schimmerndes Gesicht auf. Das blonde Haar fiel ihr in nassen Strähnen über die Stirn, ihre Augen glänzten.

„Schön", flüsterte sie. „Viel, viel schöner als schön. Wie gut, daß wir von dem Hahn nichts wußten."

Als es uns zu kühl wurde, kletterten wir heraus und kippten die Goldfische vorsichtig ins Bassin. Einen Augenblick hielten sie sich in einem Grüppchen zusammen, als hätten sie Angst, sich zu verlieren, dann faßten sie Mut und verloren sich in ihr neues Revier, golden auffunkelnd im Schein der Lampions und dann im dunklen Wasser versinkend.

Oben verabschiedeten wir uns von Jakob. Er bedankte sich für das prächtige Bad. Es sei das Beste an der ganzen Party gewesen.

„Und das verkaufte Bild samt Besuch der Botschafterin? War das nichts?" fragte ich.

Er schwieg betreten, dann griente er. Mit dem Besuch sei es nichts gewesen. Als er sie in seinen Wagen hätte verfrachten wollen, habe er nicht mehr an die Kakteen gedacht, die er für die Reise schon auf den Hintersitzen aufgebaut hatte. Sie hätte sich draufgesetzt und ihm übelgenommen, daß er sich erst vom Zustand der Kakteen überzeugt hätte, bevor er mit ihr zum Arzt gefahren wäre. Zum Bilderkauf hätte sie infolgedessen keine Lust mehr verspürt.

„Ist mir auch lieber so", schloß er befriedigt. „Wenn ich wüßte, daß ein Bild von mir als Rohkostreklame in ihrem Eßzimmer hinge, könnte ich keiner anständigen Mohrrübe mehr ins Gesicht sehen."

10. Kapitel *Theoretisches über Ehekrach*

„O Gott!“ sagte Julia. „Was ist denn hier passiert?“

Wir hatten einen Rundgang über das Grundstück gemacht, einen zufriedenen Rundgang, wie er zu den sublimsten Genüssen neugebackener Haus- und Grundbesitzer gehört, die ihres Besitzes noch nicht überdrüssig geworden sind, hatten uns an der wohlgelungenen Treppe erfreut, am Sonnenbadeplätzchen, dessen Gebüschschutzwall ich gestutzt hatte, damit er um so dichter wüchse, am geriffelten Himmelblau des Schwimmbassins, waren uns einig gewesen, daß das geschnittene Gras des Hangs zwar nicht ganz, aber doch fast wie englischer Rasen aussähe und daß es bestimmt ganz wie englischer Rasen aussehen würde, wenn wir es im Herbst und im nächsten Jahr wieder schneiden ließen, und hatten uns schließlich durch die Schattenterrasse unter dem Haus zu den von Mauer, Hang und Haus umfriedeten vier mal fünf Quadratmetern begeben, die ich in den ersten Tagen unseres Hausbesitzes umgegraben und schön gleichmäßig mit Grassamen zu versorgen versucht hatte. Und angesichts des Ergebnisses war ihr nun der bestürzte Ausruf entfahren.

Ich muß zugeben, daß ihre Bestürzung nicht grundlos war. Erstens war kein Gras gewachsen, sondern Klee, ein wahrer Dschungel von langstieligem, wucherndem Klee, und das nicht etwa schön gleichmäßig, sondern hauptsächlich an der Stelle, wo das Säckchen mit den Samen von der Mauer gefallen war, und an ein paar anderen streifenartigen Stellen, die von meiner höchst mangelhaften Streutechnik zeugten. Und dazwischen war Unkraut hochgeschossen, aufdringliches, unverschämtes, üppiges Unkraut, das jedem an englischen oder jedenfalls fast englischen Rasen gewöhnten Auge ein Ärgernis sein mußte.

Ich hatte seit langem vorgehabt, vorsichtshalber noch einmal nachzusäen, aber irgendwie hatte ich's immer wieder vergessen, und auch Julia war dieser Winkel im Drange der Ereignisse aus dem Blickfeld geraten, obwohl sie ihn in ihren Verschönerungsplänen dazu ausersehen hatte, zu einem lauschigen Ruheplätzchen mit Rasenteppich, Steinbank und einem an der Mauer hochrankenden Rosenbusch zu werden. Und nun stand sie da und sah die Bescherung, die meine Unfähigkeit und Vergeßlichkeit zuwege gebracht hatten.

„Hast du denn hier nicht Gras gesät?"

„Nicht Gras. Klee. Was kann ich dafür? Irgend jemand bei Zanolini muß sich in den Tüten geirrt haben."

Ein kühles Schulterzucken tat meinen Einwand als unerheblich ab.

„Und das da?" Sie wies mit vorwurfsvollem Finger auf das Unkraut. „Was ist das? Und wie sieht das überhaupt aus! Jeder Dorfdepp kann säen. Aber du hast vermutlich wieder mal an ganz was anderes dabei gedacht. Vielleicht an dieses dürre römische Mannequin . . ."

Das war wieder mal eine von Julias echt femininen, hämischen Unterstellungen. Denn erstens war mir das römische Mannequin damals überhaupt noch nicht vor Augen gekommen, was Julia sehr wohl wußte, zweitens hatte die Bekanntschaft mit ihm keineswegs ein Händezittern bei mir erzeugt, das das Aussäen von Gras hätte beeinträchtigen können – sie war mir sogar so wenig erwähnenswert erschienen, daß sie mir bei der Schilderung der d'Amario-Party unter den Tisch fiel. Und drittens war sie nicht dürr. Schlank gewiß, allenfalls mager, wie Mannequins von Berufs wegen zu sein pflegen, aber nicht so mager, daß ich mich bei ihrem Anblick nicht beiläufig über das linguistische Phänomen, das aus offensichtlichen Weiblichkeiten Neutrum-Wesen macht, gewundert hätte. Denn weiblich war das Mannequin unverkennbar mit seinem kupferfarbenen, kompliziert und modisch frisierten Haar, dem schmalen, puppig-kapriziösen Gesicht, in dem zwei mandelförmige dunkle Augen müde-melancholisch lächelten, und den sparsamen, aber immerhin vorhandenen Kurven. Für Julia aber war sie dürr. Es steckte keine böswillige Absicht dahinter, es war nur die leise Verschiebung des Blicks, die weibliche Wesen unbewußt befällt, wenn sie sich einer möglichen Konkurrenz gegenübersehen und ihr Instinkt rotes Warnlicht einschaltet.

Im übrigen handelte es sich um das römische Mannequin, das mit dem Vorbesitzer unseres Hauses befreundet gewesen war und, nachdem das Verhältnis ihrer unmäßigen Vorliebe für Jazzplatten wegen auseinandergegangen war, ihre Freundschaft auf den ältesten d'Amario-Sohn übertragen hatte, der seinerseits von Jazz in allen Variationen nicht genug kriegen konnte. Wir hatten zwei Minuten auf der Terrasse zusammengestanden, und sie hatte mir in ihrer schläfrigen, manierierten Art erzählt, daß sie unser Haus sehr gut kenne, und vor der verunglückten Bassin-Einweihung hatte ich sie zur Auffrischung alter Erinnerungen durchs Haus geführt – das war alles. Oder vielleicht doch nicht alles. Vielleicht hatte ich wirklich ein bißchen mit ihr geflirtet, ein ganz klein bißchen nur, nicht der Rede wert. Vielleicht hatte mein Blick mein flüchtiges Wohlgefallen an ihrer stilisierten Anmut verraten. Es war wenig genug, ein Nichts, aber Julia war es dennoch zuviel gewesen. Nachträglich hatte sie erklärt, ich sei wie ein verliebter Kater unablässig um sie herumgestrichen und hätte mich überhaupt skandalös benommen.

Unter diesen Umständen wäre ich natürlich besser beraten gewesen, wenn ich sie bei ihrer Meinung von den körperlichen Mängeln des Mädchens belassen und mir mein Teil gedacht hätte, aber sie war nun einmal nicht dürr, und da sie es nicht war, sagte ich's in schöner, aber völlig unangebrachter Wahrhaftigkeit. Was wiederum dazu führte, daß sie während des Nachmittags mit einem kleinen, stachligen, spöttischen Lächeln einherging und spitze Bemerkungen auf mich abschoß, die meine prächtige Beobachtungsgabe betrafen und meine Vorliebe für synthetische Damen, die ihre zweifelhaften Reize bei Modisten und Kosmetikern bezogen, als ob sie selbst es stets verschmäht hätte, solcherlei Verschönerungskünstler aufzusuchen. Aber all das war nicht ernst. Es war ein Geplänkel, ein Luftgefecht, ein Duell mit ungeschärften Waffen, mehr nicht.

Nun gibt es vielerlei einander widersprechende Theorien über die Entstehung von Ehekrächen, aber in einem Punkt begegnen sich alle: Irgendwann einmal im Verlauf der ersten, durch Nichtigkeiten hervorgerufenen Verstimmung muß sich ein albernes Mißverständnis einschleichen, das den noch zarten, flüchtig dahingleitenden Wolkenschatten erst in einen tiefschwarzen, unverrückbaren Schlagschatten verwandelt, in dessen Eishauch die empfindlichen Triebe der Versöhnungsbereitschaft verkümmern. In unserem Fall sorgte Laetitia für das Mißverständnis.

Julia war nach Lucera zum Einkaufen gefahren, und ich hatte mir ihre Sprachplatten vorgekramt, um meine Kenntnisse ein bißchen aufzumöbeln. Gegen die Sonne hatte ich Tür und Fensterläden verrammelt, und während ich der Sprecherin lauschte, die einen Wäscheeinkauf vorexerzierte, war Laetitia offenbar auf der Terrasse erschienen, hatte die fremde weibliche Stimme gehört und sich in der Annahme, ich habe Besuch, in einer achtbaren Anwandlung von Diskretion wieder davongemacht. Gegen Abend war sie dann im Dorf unten der zurückkehrenden Julia begegnet und hatte ihr brühwarm von der Entdeckung berichtet. Der Gedanke an das Mannequin lag nicht allzu fern.

Julia hatte mich daraufhin nun nicht etwa zur Rede gestellt, wie es primitive Gemüter getan hätten – schließlich waren wir übereingekommen, eine moderne, großzügige Ehe zu führen, in der keiner der Beteiligten um seine Persönlichkeitsrechte gebracht werden sollte, sofern sie gewisse Grenzen nicht überschritten –, sondern bewegte sich nur mit einer leicht gespannten Munterkeit durchs Haus, durch deren viele fadenscheinigen Stellen die Miene der stillen Dulderin schien.

Als ich sie schließlich fragte, ob sie etwas und wenn was sie hätte, erwiderte sie obenhin, sie hätte gar nichts, sie fühle sich im Gegenteil ausgezeichnet, da sie nun wisse, daß ich mich in ihrer Abwesenheit nicht mehr zu langweilen brauche. Und schritt tapfer und hocherhobenen Hauptes in ihr Zimmer, das sie hörbar hinter sich verriegelte, um anzudeuten, daß sie gleichfalls gut und gerne meine Gesellschaft entbehren könne.

Was tut ein Mann in solcher Lage, der sich keines Verschuldens bewußt ist? Er begibt sich ebenfalls in sein Zimmer, riegelt ebenfalls hinter sich ab, meditiert teils bekümmert, teils gekränkt über die Unergründlichkeit weiblicher Launen, horcht zuweilen hoffnungsvoll zum anderen Zimmer hinüber, ob sich nichts rührt, und da sich nichts rührt, verharscht seine Gekränktheit zu bohrendem Groll. Soll sie doch schmollen, wenn sie will. Er ist sich, wie gesagt, keiner Schuld bewußt, und was sie kann, kann er noch lange.

Am nächsten Morgen haben sich die Fronten zu wortloser Muffigkeit versteift, man nimmt sich kaum zur Kenntnis, geht bockig umeinander herum und denkt nicht im Traum daran, nach dem Grund des merkwürdigen Sinneswandels zu forschen. Soll *sie* doch. Sie hat ja angefangen. Und sie denkt: Wie komm' ich dazu, den ersten Schritt zu tun? Soll *er* doch! Er hat ja schuld an allem.

Infolgedessen tut keiner was. Infolgedessen frühstückten wir getrennt, benutzten wir unser Schwimmbassin zu verschiedenen Zeiten, bauten wir unsere Liegestühle an den entgegengesetzten Ecken des Grundstücks auf und verkehrten nur noch schriftlich miteinander. Das heißt, sie teilte mir schriftlich mit, daß sie den Wagen nehmen und in Agliano essen werde und daß sie mir inzwischen gute Unterhaltung wünsche. Sie sei nicht vor fünf Uhr zurück. Und dann kam ein Nachsatz, den sie, soweit das Schriftbild verriet, eigentlich nicht hatte schreiben wollen, dann aber doch geschrieben hatte, weil sie mir eins versetzen wollte: Bis dahin könne ich meine außerehelichen Unterhaltungsbedürfnisse ja absolviert haben.

Ich wußte noch immer nicht, was sie meinte, aber mir schwante etwas, und was mir schwante, war so lächerlich, daß ich über soviel Unvernunft ernstlich böse wurde. Ich war noch immer böse, als sie um fünf zurückkam, und weil ich böse und vermutlich primitiver als Julia war, fragte ich sie, indem ich anklagend auf den hinterlassenen Zettel wies, was das alles zu bedeuten habe. Mir reiche es, sie mit Duldermiene herumschleichen zu sehen und blödsinnige Briefchen mit rätselhaften Andeutungen lesen zu müssen, und ich wolle nun endlich wissen, woran ich sei.

„Das ist die Höhe!“ antwortete sie.

„Was ist die Höhe?“

„Daß du auch noch so tust, als wüßtest du nicht, wie du dich aufgeführt hast.“

Mir fiel auf, daß sie mich nicht siezte, wie es in Zeiten der Spannung zwischen uns ihre Gewohnheit war, und daran merkte ich, wie ernst sie diese nebulose Angelegenheit nahm, und das rührte mich wiederum. Und da es mich rührte, fragte ich sanfter, als ich eigentlich beabsichtigt hatte:

„Und wie habe ich mich deiner Ansicht nach aufgeführt?“

„Wie ...“

Das Unerhörte schien auch unsagbar zu sein, denn sie verstummte wieder, wandte den Kopf ab und schleuderte mir dann doch über die Schulter zu:

„Jedenfalls hast du mich im ganzen Dorf unten lächerlich gemacht. Ja ... lächerlich!“

Mir war, als hätte ich's in ihren schönen, im Kummer dunklen Augen feucht aufblinkern sehen, und bevor sie in ihr Zimmer verschwinden und die Tür hinter sich verriegeln konnte, schob ich fix einen Fuß dazwischen. In meinem Verdruß hatte ich zwar das Gebot des Sindaco mißachtet und vor Julias Rückkehr auf dem Hang unterhalb des Hauses herumliegendes trockenes Holz und dürres Gras zu einem Haufen geschichtet und angesteckt, aber das Feuer mußte längst ausgebrannt sein, und überdies war es wichtiger, ein für allemal die zwischen uns schwelende Glut des ehelichen Zwistes zu löschen.

Ich drängte also hinter ihr ins Zimmer und begehrte zu wissen, warum und wieso ich sie im ganzen Dorf, worauf sie mir mitteilte, was sie von Laetitia wußte: daß ich in ihrer Abwesenheit Damenbesuch empfangen habe, jawohl, Damenbesuch – wen, könne sie sich wohl denken –, hinter verschlossenen Türen und sorglich vorgelegten Läden, eine weibliche Stimme, eine mit jenem gewissen rauhen Etwas ausgestattete weibliche Stimme, die wohllautendes Italienisch von sich gegeben habe, Laetitia habe es mit eigenen Ohren gehört. Und noch dazu habe sie offenbar über Dinge gesprochen, Dinge, von denen man nicht spräche, wenn die Situation – sie schluckte tapfer – nicht schon zu einer gewissen Intimität gediehen wäre.

Es blinkerte jetzt auffällig in ihren Augen.

„Über Wäsche, zum Beispiel? Damenwäsche? Büstenhalter und so?" fragte ich heiter.

Sie nickte und kramte emsig nach einem Taschentuch. Meine Heiterkeit sei zwar völlig unangebracht, aber es sei wenigstens anständig, daß ich nichts zu vertuschen versuche.

Ich griente. „Warum sollte ich? Ehrlichkeit währt bekanntlich am längsten. Ich werde dir sogar das ganze Gespräch wiederholen."

Damit legte ich die Platte auf und ließ sie laufen.

Und allmählich begriff sie. Nicht gleich. Zuerst mußte sie den Wall ihres Mißtrauens überklettern, den sie gegen mich aufgehäuft hatte, mußte – schon sanfter – ein paar Bemerkungen über meine beklagenswerte Neigung zu dummen Scherzen und albernen Ausreden loslassen – „Du solltest dich wahrhaftig schämen. So alt, wie du bist . . ." Es klang, als schmückten mich ein kalkbestäubter Vollbart und eine goldene Uhrkette über dem Westenbauch –, aber es klang auch von Anfang an schon mehr wie ein Rückzugsgefecht, so, als wollte sie nur nicht zugeben, daß sie sich ins Bockshorn hatte jagen lassen, noch dazu von einer notorischen Schwatz- und

Klatschtante wie Laetitia. Aber schließlich schluckte sie doch wehmütig-glücklich auf, sank versuchsweise, zögernd mir an die Brust und flüsterte, während sie mit der fix herbeigezauberten Puderquaste ihre Nase betupfte, von der sie immer behauptete, daß sie bei jeder freudigen Gemütsbewegung rot anliefe, bei trüben würde sie immer weiß:

„So was Dummes ... wirklich, so was schrecklich Dummes! Und ich dachte schon, du hättest mich über, wo wir doch schon so lange verheiratet sind ..."

Jetzt heulte sie wirklich. Es schien die Regel, daß Frauen meistens heulten, wenn die dazu geeignete Gelegenheit schon verpaßt war.

„Schrecklich lange", raunte ich tröstend. „Drei ganze Jährchen. Häng eine Null dran, dann können wir noch mal drüber reden."

Sie lächelte schon wieder, wenn auch unter Tränchen.

„Dann brauchen wir's nicht mehr, weil dich keine mehr ansieht."

„Hast du eine Ahnung! Dann gerade! Ich bin nämlich Spätentwickler ..." Ich drückte sie an mich.

Und ich küßte sie, und ihre Lippen schmeckten salzig und süß zugleich, eine höchst reizvolle Mischung, und es war wunderbar, sie in den Armen zu halten und zu wissen, daß die Wolke mit dem Eishauch ihres Schattens vorbeigezogen war, für immer oder doch wenigstens bis zum nächstenmal, und ich beschloß, den Ehekrachs-Theorien einen zweiten gemeinsamen Punkt hinzuzufügen, einen, der weder auf meinem Mistbeet gewachsen noch sonderlich originell war, aber trotzdem stimmte: daß nichts schöner sei als die Versöhnung danach. Und dann beschloß ich, daß nichts uns dabei stören sollte, die Versöhnung gründlich und vollkommen auszukosten. Wozu hatten wir schließlich ein eigenes Haus, in dem kein Zimmerkellner im unrechten Moment an die Tür klopfen, kein Zimmermädchen zur falschen Zeit aufkreuzen konnte, um die Betten zu richten oder die Wäsche zu wechseln, kein aus dem Nebenzimmer herüberschallender Ehedisput uns abkühlend an unsere eigenen streitbaren Stunden erinnerte ...

„Mach wenigstens die Tür zur Terrasse zu", murmelte Julia. „Die Leute hier haben so eine Art, ungeniert hereinzuspazieren ..."

Es fiel mir schwer, mich auch nur für eine Sekunde von ihr zu trennen, aber ihr zuliebe tat ich's, schloß die Tür und war gerade dabei, wieder Kontakt mit ihr aufzunehmen, als draußen Bremsen kreischten und jemand mißtönend mehrmals hupte.

„Wer ist denn das?" hauchte Julia erschrocken.

„Weiß nicht", knurrte ich. „Will's auch nicht wissen. Interessiert mich nicht. Und wenn's der Kaiser von China wäre. Auch in dieser kollektivistischen Welt hat der Mensch ein Anrecht auf gelegentliches ungestörtes Privatleben. Laß ihn hupen, solange er will. Wir werden es mühelos überhören."

Wir überhörten, wenn auch nicht mühelos, ziemlich viel: daß das Tor draußen quietschte, daß eine undeutliche Stimme Befehlsartiges von sich zu geben schien, daß Schritte über den Vorplatz knirschten und dann die Treppe zur unteren Terrasse hinunterliefen, daß irgend etwas blechern schepperte. Doch dann bummerte es dröhnend und anhaltend gegen die Tür, und das war nicht zu überhören. Außerdem hatten wir längst gemerkt, daß es sich nicht lohnte, etwas zu überhören, wenn man vor lauter angestrengter Überhör-Bemühung zu nichts Besserem kam.

Ich begab mich also erneut und diesmal mit der rabiaten Absicht zur Tür, dem, der da bummerte und dröhnte, wer es auch sei, gehörig meine Meinung zu sagen. Aber bei „wer es auch sei“ hatte ich nicht an den Sindaco gedacht, und eben der war es. Ich erkannte ihn nicht sofort. Das letztemal, als ich ihn gesehen hatte, hatte er sich leutselig lächelnd inmitten eines Grüppchens festlich gewandeter Honoratioren auf dem Wege zur Einweihung des neuen Altersheims in Agliano befunden und einen schwärzlichen Bratenrock mit einer grünweiß-rot gestreiften Schärpe darüber getragen. Jetzt war von Lächeln keine Rede, und statt des Bratenrocks trug er einen zerknitterten Anzug aus weißem Leinen und einen tropenhelmartigen Strohhut, so daß er mit dem Feldstecher am Riemen über der Brust wie Livingstone im innersten Afrika aussah.

Er musterte mich streng und erklärte ohne Umschweife, daß ich für die völlig überflüssige Störung seiner Amtsgeschäfte verantwortlich sei. Sofort nach Entdeckung des Rauchs habe er sich in den Wagen geworfen, unterwegs jeden brauchbaren Helfer aufgelesen und sei hergekommen.

„Wozu? Was für Rauch?“ fragte ich. Es war eine törichte Frage, denn im gleichen Augenblick sah ich ihn von unten herauf durchs Geländer quirlen.

„Ecco!“ sagte er hustend und wies auf die Schwaden. „Falls Sie es übrigens noch nicht bemerkt haben sollten – Ihr Haus brennt.“

Von drinnen drang ein weiblicher Schreckensschrei heraus, und gleich darauf schoß, unordentlich in ihre Bettdecke gewickelt, Julia bleich ins Freie.

Hastig und voll schlechten Gewissens spähte ich runter. Mein Feuerchen war also doch noch nicht aus gewesen. Gestalten tummelten sich koboldartig im dünn wölkenden Qualm und schütteten Eimer voll Wasser über das Brennende. Das Brennende war in erster Linie

das Gras des Hanges, von dem die Flammen auf einen Haufen Reisig auf der unteren Terrasse übergesprungen waren. Das Haus selbst war nicht zu Schaden gekommen.

Obwohl Julias Auftritt die dienstliche Aufmerksamkeit des Sindaco abgelenkt hatte, war es ihm ebenfalls aufgegangen. Mit leichtem Bedauern, wie mir schien.

„Sie können von Glück reden", bemerkte er. „Bei ein wenig stärkerem Wind hätte es schlimmer kommen können. Und dabei wäre es eine so eindrucksvolle Warnung für die Leute gewesen. Sie sind geradezu sträflich gedankenlos. Bevor sie nicht mit eigenen Augen sehen, was passieren kann, trifft jede behördliche Anordnung auf taube Ohren – wie Ihr Beispiel zeigt", schloß er vorwurfsvoll.

Die Männer, vier an der Zahl, kamen herauf. Sie hatten bereitwillig geholfen, nun dürsteten sie nach einem Schluck Wein, um Rauch und Ruß aus ihren Kehlen zu treiben. Ich wußte, was sie wollten, aber ich wußte auch, daß ich sie für mein Teil ins Pfefferland wünschte, weil ich etwas ganz anderes wollte, daß dies aber jetzt nicht angängig sei, schon weil sie freundlich und hilfsbereit und deshalb völlig unabweislich auf ihrem Wunsch bestehen würden.

Aber ich hatte keinen Wein oder jedenfalls nur so wenig, daß es das Korkenaufziehen und Anbieten nicht verlohnte. Das war unsere Rettung. Ich würde sie samt dem Sindaco, falls er wollte, in den Circolo einladen, würde mit der Padrona reden und im voraus den vermutlichen Konsum bezahlen, und wenn nach den ersten paar Runden die Stimmung sich hob und die Konturen der Umwelt zu verschwimmen begannen, bestand Aussicht, daß sie nicht merkten, wenn wir uns durch die Hintertür heimlich davonmachen würden.

Mit dem Davonmachen hatte es keine Schwierigkeit, aber entweder hatte die Padrona uns verraten, oder sie hatte mich mißverstanden, oder der Blick unserer Helfer war noch nicht genügend verschwommen gewesen, jedenfalls marschierten sie fünf Minuten nach uns mit einem stattlichen Korb voller Weinflaschen in schöner Selbstverständlichkeit wieder auf unserer Terrasse auf und verlangten fröhlich nach Gläsern, Stühlen und der Gegenwart der Signora. Der Sindaco war gleichfalls wieder erschienen. Er hatte an behördlicher Haltung eingebüßt, aber dafür an Liebenswürdigkeit beträchtlich gewonnen. Die Störung seiner Amtsgeschäfte schien er mir nicht mehr nachzutragen, nur hin und wieder rappelte er sich pflichtbewußt auf, um mit dem Feldstecher den Horizont nach etwaigen brandkündenden Rauchsäulen zu durchforschen, und da ihm mit fortschreitender Zeit dabei gelegentlich das falsche Ende vor Augen geriet, beklagte er sich bewegt über die Weite seines Amtsbereichs, die ihm, einem mit Verantwortung geschlagenen Sindaco, selbst bei Nacht nicht schlafen lasse. Wir sahen ihn förmlich von Verantwortung gebeugt schlaflos an seinem Fenster stehen, den Feldstecher in den vor Übermüdung zittrigen Händen, und die vier Männer versprachen gerührt, bei ihren Mitbürgern dafür einzutreten, daß wenigstens bei Nacht die behördlichen Anordnungen befolgt werden sollten, um ihm die Last der Verantwortung ein wenig zu erleichtern ...

Später, viel später, nachdem sie unter geräuschvollen Dankesäußerungen und mit dem feierlichen Versprechen, beim nächsten Brand bei mir wieder zur Stelle zu sein, entschwunden waren, als ich aus dem dunklen

Dunkel meines Zimmers durchs offene Fenster ins sternenflimmernde Dunkel draußen sah, hörte ich neben mir Julias Stimme:

„Du hast mir doch versprochen, nie mehr zu streiten."

„Du mir auch."

„Ich weiß ..." Es klang zaghaft und schläfrig wie das Zirpen eines träumenden Vogels. „Aber ich hab' Angst, was ich dir jetzt sage, wird dich ärgern."

„Dann sag's nicht."

„Dann würde ich mich ärgern."

„Dann sag's. Ich werde mich mit Nachsicht wappnen."

Sie bewegte sich, rückte mir ein wenig näher, ich fühlte ihr Haar kitzelnd über meine Schulter streifen.

„Das Haus ist schön", murmelte sie, „aber ich würde mich gern ein bißchen von ihm ausruhen. Denk nur, wie ruhig es zu Haus bei uns in München ist. Keiner kann kommen, wenn wir nicht wollen. Wir stellen einfach die Klingel ab. Keine Quelle kann sich verstopfen, keine Katzen toben nächtens durchs Fenster, niemand erzählt uns, wie wir uns einrichten sollen, und zwingt uns, die Nacht durch Möbel zu rücken. Kein Klo, bei dem man mit ausströmendem Atem aufs Knöpfchen drücken muß, damit's funktioniert. Wir sind zum Erholen hergekommen. Ich meine, es wäre an der Zeit, uns von der Erholung zu erholen."

„Aber du hast doch selbst ..."

Ich spürte den sanften Druck ihrer Finger auf meinen Lippen.

„Pst", sagte sie. „Reg dich nicht auf. Hol erst zehnmal tief Atem und denk dabei nach. Besser fünfzehnmal. Dann kannst du antworten."

Ich hatte keine Lust, fünfzehnmal tief zu atmen und dabei nachzudenken. Ich wußte auch so, was ich zu sagen hätte: daß *sie* es war, die die ganze Sache eingerührt hatte, sie und natürlich ein bißchen auch ich, aber vor allem sie. Daß *sie* gesagt hatte, das Haus müsse sich amortisieren, und es amortisiere sich nur, wenn wir länger drin wohnten. Daß *sie* Laetitia, Don Silvio und Susis Jünglinge ins Haus geholt hatte und daß *ich* es gewesen war, nicht sie, der die Nacht durch Möbel hatte rücken müssen, während sie geschlafen hatte. Das unter anderem, unter sehr viel anderem, würde ich ihr sagen, nicht um zu streiten, beileibe nicht, nur um die Verantwortlichkeiten klarzustellen.

Und dann atmete ich vorsichtshalber doch fünfzehnmal tief, und bei jedem Atemzug wurde mir klarer, daß ich genau das sagen würde.

„Hör mal", sagte ich, „ich hab' zwar versprochen, nicht mehr mit dir zu streiten, aber das heißt nicht, daß ich mir alles in die Schuhe schieben lassen muß, was du verbockt hast ..."

Ich holte aus. Ich sagte alles, durch fünfzehnfaches tiefes Atemholen mit der nötigen Luft versehen, was ich auf dem Herzen hatte, sagte es ins Dunkel hinein, empört Gerechtigkeit verlangend. Und als ich genug gesagt und sie noch immer nicht geantwortet hatte, fragte ich: „Warum sagst du nichts?" Und merkte, daß sie gar nicht zugehört hatte, daß sie friedlich schlief, an mich gekuschelt, leise atmend, nicht ihres Sieges, aber meiner Liebe gewiß, und das war letzten Endes das gleiche.

Und merkte, in mich gehend, nachdem ich aus mir herausgegangen war, noch mehr:

Was für einen Sinn hatte es denn, recht behalten zu wollen und sich über Kleinigkeiten zu erregen, die man doch gemeinsam trug, leichten Herzens trug, solange die Gemeinsamkeit währte? Allein darauf kam es an. Und wie weise und vorbildlich war es, gelegentlich zur richtigen Zeit zu schlafen!

Es verlangte mich danach, sie in die Arme zu nehmen, aber ich ließ es, weil sie so weise schlief, rollte mich nur vorsichtig in eine bequemere Lage ...

Am nächsten Morgen packten wir ein. Es war ein fast noch strahlenderer Morgen als alle die Morgen zuvor. Der gezackte Eisriese am Horizont schimmerte wie ein Diadem aus Brillanten und Perlen auf der durchsichtig-lichtblauen Himmelsseide, und der See glitzerte gleich einem reichgefaßten kristallenen Spiegel herauf.

Als wir fertig waren, verschlossen wir die Tür, gingen ums Haus, um uns zu überzeugen, daß die Fensterläden fest vorgelegt waren, und kehrten noch einmal auf die obere Terrasse zurück. Wir sagten nichts. Was zu sagen war, hatten wir in der Nacht besorgt. Wir wußten, was wir wollten, und konnten schweigen und das Schweigen genießen, das voll zärtlichen Einverständnisses war. Und während wir da standen, ans Geländer gelehnt, kreischten wieder einmal Bremsen.

„Der Sindaco", murmelte Julia. „Wahrscheinlich hat er seinen Strohhut vergessen. Oder das Fernglas. Oder ein wichtiges Aktenstück, das er für seine Amtsgeschäfte braucht, wenn er nicht gerade am Fenster steht ..."

„Oder Freddy", ergänzte ich. „Vielleicht will er uns das erste Exemplar eines Gartenzwergs neuen Typs überreichen."

Es war weder Freddy noch der Sindaco. Es waren Ernemännchen und Frau Carmela ...

„Da seid ihr ja!" rief Carmela entzückt. „Wir haben unten am See übernachtet und wollten nicht weiterfahren, ohne euch in euerm neuen Haus zu besuchen. Heimtücker, die ihr seid! Uns nichts von euerm Schloß zu verraten! Nur durch Zufall haben wir eure Adresse von Julias Mutter erfahren."

Sie schüttelten uns wiedersehensfreudig die Hand. Ihr Blick glitt über das Haus, die Terrasse, über die geschlossenen Läden, den zur Abfahrt gepackten Wagen und kehrte enttäuscht zu uns zurück.

„Ihr wollt wohl gerade weg?" fragte Ernemännchen.

Ich konnte in ihren Gedanken lesen. Es gibt solche Momente der Hellsichtigkeit. Sie hatten uns überraschen und sich in aller Freundschaft bei uns einquartieren wollen, nur für ein paar Tage, gewiß, aber für ein paar Tage, an denen ich das Frühstück und Julia das Mittagessen bereiten würde, während sie sich in den Liegestühlen aalten, die Freuden des Zu-Gast-Seins bei andern genossen und allenfalls beim Abwasch ein bißchen halfen. Nun war's Essig damit, obwohl sie sich extra über steinige Straßen heraufbemüht hatten. Das Wiedersehenslächeln war schon um eine Winzigkeit kühler.

„Schade", säuselte Carmela.

„Ja, schade", säuselte ich. „Aber die Arbeit ... ihr wißt ja. Leider müssen wir gleich los. Wir wollen's nämlich bis abends schaffen."

„Klar, die Arbeit", murmelte Ernemännchen. „Na, wir haben's noch vor uns. Konnte diesmal nicht früher weg. Die Geschäfte ..." Er sah sich um, über die leere Terrasse und uns wieder an. Neidfünkchen glimmerten in seinen Augen. „Aber wunderbar seht ihr aus ... unanständig erholt, ausgeruht, entspannt, zum Bäumeausreißen gesund ... Na ja, in diesem Paradies, in dem euch keiner stören, keiner auf den Nerven rumtrampeln kann! Ich hab's immer gesagt: Ein Haus in Italien müßte man haben!"

Er seufzte und wandte sich mit Carmela zum Wagen

zurück. Sie fuhren los, Hotels oder einem gemieteten Allerwelts-Bungalow irgendwo an der Küste oder in den Bergen entgegen. Wir winkten ihnen nach, bis sie in der unteren Kurve verschwanden.

„Schwein gehabt", kicherte Julia. Ich nickte.

„Ein Paradies, hat er gesagt", murmelte ich.

„Ist es auch", gab sie zu, „besonders jetzt, wo wir wegfahren wollen." Sie sah nachdenklich auf die rundköpfigen Buchsbäumchen, die ein bißchen Wasser und einen kleinen Haarschnitt hätten vertragen können. „Und erholt hab' ich mich auch. Besser als je. Und du siehst aus, als ob du Bäume ausreißen könntest . . ."

Wir sahen uns an, und plötzlich gingen wir zum Wagen zurück und packten ihn Stück für Stück wieder aus. Wer verläßt schon freiwillig ein Paradies?